아이 둘 데리고
산티아고
걷기

걷다가
어른이 되어버림

박준규 지음

아이들을 데리고 왔지만,
결국 나를 데리고
돌아왔네요.

걷다가 어른이 되어버린
아이 둘 데리고 산티아고 걷기

초판1쇄 발행	2025년 7월 31일
지은이	박준규

펴낸이	김태영
펴낸곳	도서출판 큐 (씽크스마트)
주소	경기도 고양시 덕양구 청초로 66 덕은리버워크 B-1403호
전화	02-323-5609

출판사 등록번호	제395-2023-000160호
ISBN	979-11-984411-9-5 (03810)
정가	17,000원

ⓒ 박준규

이 책을 만든 사람들

책임편집	김무영
편집	신재혁
홈페이지	www.tsbook.co.kr
인스타그램	@thinksmart.official
이메일	thinksmart@kakao.com

● **씽크스마트** 더 큰 생각으로 통하는 길

'더 큰 생각으로 통하는 길' 위에서 삶의 지혜를 모아 '인문교양, 자기계발, 자녀교육, 어린이 교양·학습, 정치사회, 취미생활' 등 다양한 분야의 도서를 출간합니다. 바람직한 교육관을 세우고 나다움의 힘을 기르며, 세상에서 소외된 부분을 바라봅니다. 첫 원고부터 책의 완성까지 늘 시대를 읽는 기획으로 책을 만들어, 넓고 깊은 생각으로 세상을 살아갈 수 있는 힘을 드리고자 합니다.

● **도서출판 큐** 더 쓸모 있는 책을 만나다

도서출판 큐는 울퉁불퉁한 현실에서 만나는 다양한 질문과 고민에 답하고자 만든 실용교양 임프린트입니다. 새로운 작가와 독자를 개척하며, 변화하는 세상 속에서 책의 쓸모를 키워갑니다. 흥겹게 춤추듯 시대의 변화에 맞는 '더 쓸모 있는 책'을 만들겠습니다.

자신만의 생각이나 이야기를 펼치고 싶은 당신. 책으로 사람들에게 전하고 싶은 아이디어나 원고를 메일(thinksmart@kakao.com)로 보내주세요. 씽크스마트는 당신의 소중한 원고를 기다리고 있습니다.

아이 둘 데리고
산티아고
걷기

걷다가
어른이 되어버림

박준규 지음

프롤로그 |

출발은 질문에서 시작합니다

　질문이 바뀌면 세상이 다르게 보인다. 앞선 질문은 어린 아들의 습성, 의지, 인지능력, 발달 정도, 사회성을 살피지만, 뒤 질문은 우리 사회 시스템의 근본을 성찰하게 한다.
　한 학부모로부터 질문을 받은 적이 있었다. 그 분은 학교에서 행복하지 않은 아들에 대한 솔루션을 기대했다. 아이는 초등 3학년을 마치고 4학년 진급하는 시기였다. 나는 솔루션 대신 다음과 같이 대답했다.
　"질문이 중요합니다. 왜 우리 아들은 학교에서 행복하지 않을까 이렇게 물을 게 아닙니다. 학교는 어떤 성격이길래 우리 아들이 행복할 수 없는 걸까 이렇게 질문을 바꿔야 합니다."

　아기 장난감 중에 '도형 끼우기 상자'가 있다. 주사위 모양 상자 여섯 면에 각종 도형 모양의 구멍이 있고, 동그라미 세모 네모 모양 블록을 다양한 구멍에 넣는 놀잇감이다. 상자에 다양한 도형 모양의 구멍은 고정됐다. 아기가 손에 쥔 블록 모양을 적절한 구멍에 넣는 미션을 수행한다.
　내 아이는 다양한 모양의 블록이다. 아이는 세모 모양인데, 구멍에 잘 들어가지 않는다고 꼭지점을 자르고 다듬어서 동그라미로 만들려는 시도가 적절할까. 그건 교육이 아니라 폭력이다. 아이는 크게 상처받는다. 필요에 따라 세모가 네모도 되고 동그라미도 되는 유연성을 기르는 것은 높은 경지라서 어린아이에게 기대하면 안 된다.

그런데 상자의 구멍은 왜 유연하지 못할까? 상자의 구멍은 '디자인된 사회'다. 아이가 세상에 오기 전에 이미 디자인되었다. 디자인 패턴의 경직성이 심해지면 그 사회는 망할 운명이다. 우리 아이의 삶도 망할 수밖에 없다. 어른이라고, 부모라고 다르지 않다. 동그라미 구멍 앞에서 세모 모양 내 아이를 다그칠 일이 아니라 세모 구멍을 찾아 이동하는 것이 현명하다. 다른 면에 세모 모양 구멍이 존재하는 법이다.

나는 몇 번의 미팅을 통해 아이의 모양을 살폈고, 아이가 상처받고 세모의 가장자리가 약간 손상되었지만 자기 모습을 잘 간직하고 있다고 진단했다. 나는 부모에게 일 년의 시간이 필요하다고 설명했다. 모국어가 통하지 않는 해외에서 아이와 살고 오겠다고 제안했다. 선택한 곳은 호주의 남쪽 섬 태즈매니아. 원시자연환경을 간직하고 있으며 산, 강, 바다, 계곡, 거대한 온대림, 초원, 캥거루와 웜뱃의 땅이 태즈매니아이다. 영어권이라 인솔자로서 편안하고 무엇보다 내가 고민을 집중하고 있는 심리적 말(馬)매개치유(Horse therapy)를 체계적으로 받을 수 있는 장소였기 때문이다.

대전에 사는 동갑내기 소년이 합류했다. 조금은 당돌하고 자존심이 강하며 유튜브로만 인식 세계를 확장하다가 현실 세계를 탐험하려는 호기심으로 나의 태즈매니아 일년살이 제안을 받아들인 소년이다.

그렇게 서울의 태호와 대전의 시하를 데리고 4월 2일 비행기에 올랐다. 4월 3일 태즈매니아 주도 호바트에 내려서 일주일을 민박(에어비앤비)과 호텔 떠돌이로 살다가 깊은 산속 오두막(진짜 로그하우스)에 둥지를 틀고 드라마보다 더 다이내믹한 생활을 시작했다. 태즈매니아 일년살이는 떠올릴 때마다 기분 좋은 흥분이 올라온다. 고생이 즐거움이고 즐거움이 놀라움의 연속이었다.

그중에 백미는 스페인 순례길을 걸은 한 달 남짓이다. 호주는 부모가 동행하지 않으면 여행비자(최대 3개월 체류)만 가능하다. 따라서 3개월 만에 호주 밖으로 나갔다 오지 않으면 불법체류가 된다. 두 소년과 합의하여 우리는 스페인 순례길 전체의 80%를 걷기로 했다. 사실 시기적으로는 걷기에 좀 불리한 날씨였다. 걷는 기간 중반부터는 우기에 접어들었기 때문이다. 하지만 비가 오니 선명한 무지개를 여러 번 볼 수 있었고, 운동화가 젖어보니 워킹화의 품질이 드러났다. 우리는 동키 서비스(짐을 다음 숙소로 옮겨주는 유료 서비스)에 의지하지 않고 언제나 자기 짐을 짊어지고 걸었다. 체하거나 감기로 고생하기도 했다. 세상에 온 지 10년 된 두 소년은 더 큰 세상이 있다는 걸 알았다.

〈걷다가 어른이 되어버림〉은 로그로뇨에서 산티아고까지 걷는 순례길에서 엄지로 매일매일 쓴 기록이다. 시드니에서 마드리드로, 마드리드에서 시드니로 돌아온 여정 중 처음 마드리드 구경한 이틀 빼고 날마다 기록한 성장일기다. 출판을 위해 편집하거나 가공한 내용이 없다. 스토리 흐름이 거칠지만 그 또한 소중한 숨소리라고 생각했다. 마드리드에서 노트북을 잃어버려(한눈판 사이 누군가 가져갔다) 할 수 없이 스마트폰 메모장에 엄지로 하나하나 기록했다.

당시에 몰랐던 핵심을 최근 원고를 다시 읽으며 깨달았다. 상상하지 못했던 엄청난 깨달음이 순례길 일기가 세상에 책으로 나오게 된 동기다. 〈걷다가 어른이 되어버림〉에 나는 선생이 아닌 학생이었다는 걸 뒤늦게 알았다. 내가 걸었고 내가 느꼈으며 내가 성장했다. 이제 와서 보니 말이다.

나는 무엇을 얻었을까. 하나의 과정을 마치고 '얻었다'는 생각은 무언가 개념적으로 '획득'했거나 '돈을 벌었'거나 건강한 몸이 '되었다' 식으로 생각할 수 있다. 하지만 이제 와서 공부의 망치가 된 당시 기록은 "걷기가 곧 성장"이라고 알려준다. 걸을 때 이런저런 상황이 있었고, 그를 통해 나는 깨닫고 성장했다-는 건 착각이다. 성장을 위한 별도의 매개는 없다. 행위가 곧 성장이다. 액션이 곧 공부였다. 나는 걸었고, 걸었던 만큼 성장했다.

두 소년은 어떨까. 두 소년도 걸었고 역시나 걸었던 만큼 성장했다고 확신한다. 다만 나에게 수 년이 걸려 성장의 편지가 도착한 것처럼 두 소년에게는 더 많은 배달 시간이 걸릴 수 있다. 그러나 반드시 배달된다. (최근에 확인한 바로는 배달되고 성장한 것이 분명하다)

이 책에 등장하지 않는 주인공들이 있다. 내가 해외에서 아이들과 지내느라 고생한 아내, 이 책의 숨은 타이틀롤이다. 늘 고생 많은 아내와 재작년에 풀코스로 스페인 순례길 (프랑세스 카미노) 걸었다. 내 딴엔 선물로서 여행을 제안했지만 아내에게 또다른 고생의 연속이었다. 하지만 삶의 고갱이는 견딤이 아니겠는가. 힘들지만 견디고, 견뎠기에 성장한다.

졸고를 흔쾌히 출판해준 김태영 대표와 김무영 편집장도 등장하지 않은 주인공이다. 두 분께 감사의 인사를 드린다. 책이 귀한 건 여러 사람의 정성이 합쳐진 물성이기 때문이지 않은가. 이 책을 잡은 독자님들도 주인공 중 한 분임에 분명하다.

　감사한 마음을 전하기 위해 아이와 스페인 순례길을 걷기 원하는 분들에게 매우 충실한 이메일 상담(junkyup@hanmail.net)을 해드릴 생각이다.

　무엇보다 중요한 것은 이제 당신이 떠날 차례라는 것!

2025. 4. 30.
경기도 여주 햇살 좋은 서재에서

목차

프롤로그 ··· 4

1일차 **로그로뇨** 10월 21일 ··· 13
2일차 **나바라떼** 10월 22일 ··· 18
3일차 **나헤라** 10월 23일 ·· 23
4일차 **산토도밍고** 10월 24일 ·· 28
5일차 **벨로라도** 10월 25일 ··· 35
6일차 **바야프랑카** 10월 26일 ·· 39
7일차 **아따푸에르까** 10월 27일 ··· 49
8일차 **부루고스** 10월 28일 ··· 55
9일차 **따르다호스** 10월 29일 ·· 61
10일차 **까스트로헤리스** 10월 30일 ······································ 64
11일차 **보아디야델카미노** 10월 31일 ·································· 70
12일차 **비야르멘테로** 11월 1일 ··· 76

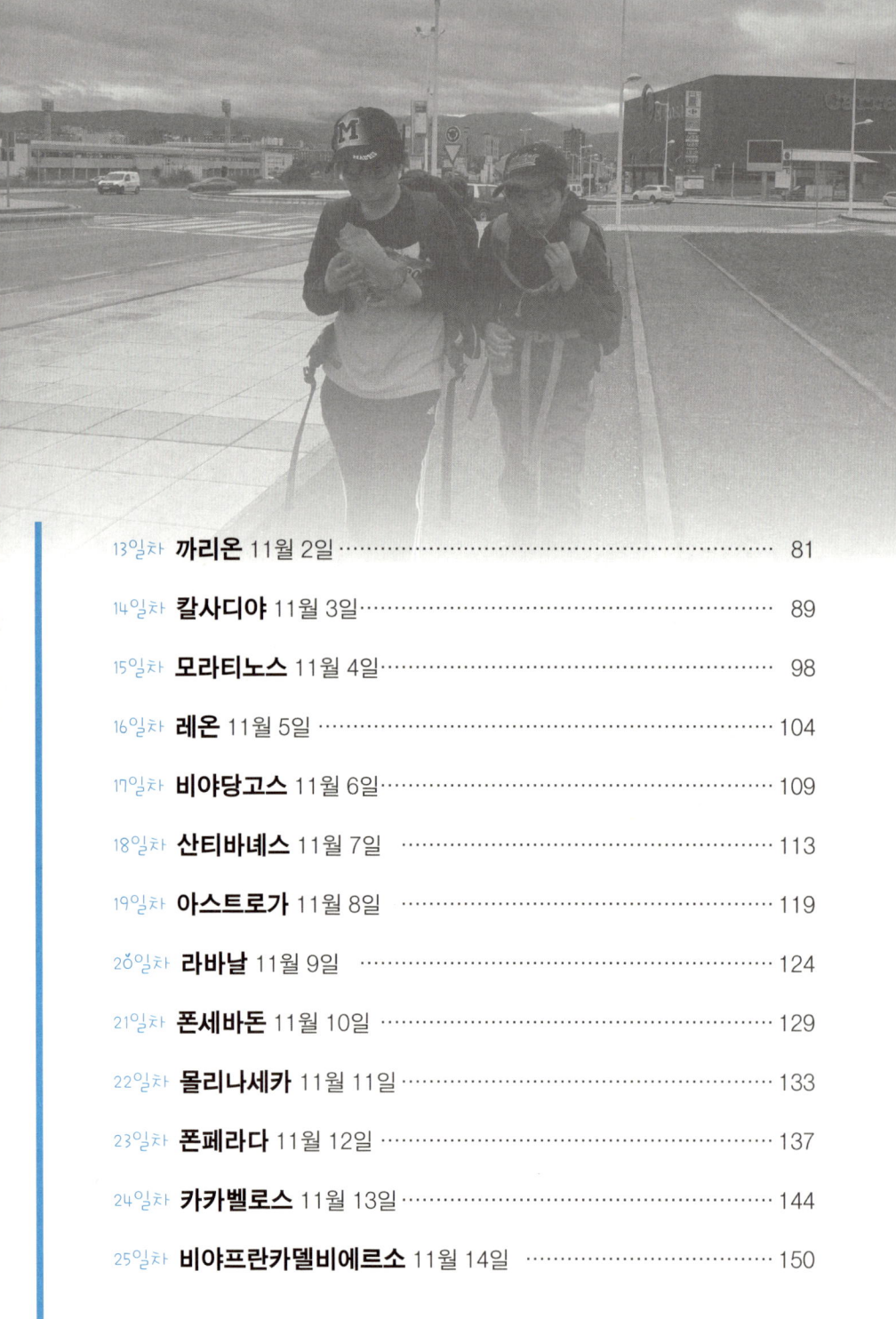

13일차 **까리온** 11월 2일 ………………………………… 81

14일차 **칼사디야** 11월 3일 ………………………………… 89

15일차 **모라티노스** 11월 4일 ………………………………… 98

16일차 **레온** 11월 5일 ………………………………… 104

17일차 **비야당고스** 11월 6일 ………………………………… 109

18일차 **산티바녜스** 11월 7일 ………………………………… 113

19일차 **아스트로가** 11월 8일 ………………………………… 119

20일차 **라바날** 11월 9일 ………………………………… 124

21일차 **폰세바돈** 11월 10일 ………………………………… 129

22일차 **몰리나세카** 11월 11일 ………………………………… 133

23일차 **폰페라다** 11월 12일 ………………………………… 137

24일차 **카카벨로스** 11월 13일 ………………………………… 144

25일차 **비야프란카델비에르소** 11월 14일 ………………… 150

26일차 **트라바델로** 11월 15일 ·············· 157

27일차 **베가데발카르세** 11월 16일 ·············· 164

28일차 **오세브레이로** 11월 17일 ·············· 169

29일차 **트리아카스텔라** 11월 18일 ·············· 174

30일차 **사리아** 11월 19일 ·············· 179

31일차 **포르토마린** 11월 20일 ·············· 183

32일차 **팔라스데레이** 11월 21일 ·············· 186

33일차 **멜리데** 11월 22일 ·············· 191

34일차 **아수아** 11월 23일 ·············· 195

35일차 **오페드로우소** 11월 24일 ·············· 200

36일차 **산티아고콤포스텔라** 11월 25일 ·············· 206

에필로그 ·············· 212

로그로뇨 10월 21일

1일차

마드리드에서 고속버스로

로그로뇨로 왔다가 숙소를 잘못 잡아서 깔라오라에서 2박을 했다. 다시 리오하 지역버스로 로그로뇨에 들어왔다. 깔라오라에서 하루 더 머문 건 〈배움여행〉 7호를 마무리하기 위해서…. 몸과 영혼을 갈아넣어 잘 마쳤다. 디자이너가 만져서 인쇄소에 넘기면 끝. 책 받아서 독자에게 보내는 것도 디자이너가 알아서 처리한다.

생각할수록 신기한 일이다. 비행기를 탈 때마다 거대한 쇳뭉치가 지상 10km 상공에 떠오르는 걸 신기하게 생각했지만, 1만km 떨어진 나라에서 편집한 파일을 카톡으로 보내면 한국의 가정집 PC로 가공해서 파일만 인쇄소에 보내고, 실물 종이책이 배달된다는 게 더 신기하다. 책은 가장 멀리 노르웨이로 날아간다.

호주갈 때 새로 구입한 노트북은 〈배움여행〉 7호를 잘 만들고 홀연히 사라졌다. 집 나간 고양이처럼…. 당일 아침에 아내가 물건 잃어버리는 꿈을 꾸었으니 조심하라고 연락 했음에도 불구하고 노트북은 분실될 운명이었나보다.

배낭에 노트북을 넣을 형편이 아니라 손에 들고 다녔는데-이러다 잃어버리지 싶었다. 공항에서 잃었다가 찾았고, 바에 들어가 커피를 마시고 두고 나오면 주인이 들고 뛰어오고 했으니-어느 순간 사라지고 없다.

기억을 더듬으니 지도를 펼쳐서 목표를 찾느라고 잠깐 내려놓은 일이 떠올랐지만 아이들과 한참을 되짚어 찾아도 허사였다. 원래 가지고 오지 않을 물건이었는데 원고 편집으로 부득이 들고 왔더니 결국 헤어진 것.

그런데 나보다 아이들이 더 울상이다. 장시간 걷는 길에 유일한 낙이라고 기대했는데 물거품이 됐다는 거다. 걷다가 숙소에 들어가서 유튜브를 조금이라도 볼 수 있을 것이라 기대했다는 말이다. 하지만 기대 목록에서 확실히 삭제하니까 아이들은 기력을 회복한다. 다른 놀이나 소일거리를 찾더라.

나는 작년 스페인 걷기 30일 동안 매일 빠짐없이 일기를 썼다. 하지만 엄지로만 글을 쓰려니 불편이 많아서 이번엔 노트북 자판을 두드려 효율적으로 기록을 남기려고 했었다. 다시 엄지 자판을 쓰는 일 말고는 노트북 없어서 불편할 건 없다. 〈배움여행〉 마무리한 후에 잃어버려서 천만다행이라고 오히려 아이들이 날 위로한다. 갈수록 볼수록 신기한 녀석들이다. 그러고 보니 세상은 신기한 일 투성이구나!

로그로뇨는 개발되기 이전의 춘천 느낌이다. 인구 16만 명에 도시 기능을 제대로 갖춘 리오하 지방의 캐피탈 시티지만, 다운타운은 손바닥만하다. 로마시대에 중요한 기능을 한 지역이란다. 끝없는 평원 위에 도시를 건설했다. 로마시대 건물은 없겠지만 한 걸음만 걸어들어가면 눈으로 봐도 100년 이상 된 집들이 즐비하다.

아이들은 시내에서 우동집(프랜차이즈 일식집: 우동이나 돈부리를 파는데 인테리어가 똑같고 가격이 비싸다)을 발견하더니 "저거 먹을래요" 한다. 아이들 우동 한 그릇씩…. 나는 작은 맥주 한 병 마셨다. 스페인에 와서도 사흘을 꼬박 붙들고 있었던 잡지를 마감한 의미로다가…. 우동 두 그릇에 맥주 한 병인데 계산서가 무겁다. 해외에 나가면 돈이 줄줄 샌다더니 틀린 말이 아니다.

하지만 이제 걷기 시작하면 돈 쓸 일이 거의 없다. 알베르게(순례자를 위한 숙소)비용, 햄과 치즈를 넣은 바게트, 오렌지쥬스, 내가 마시는 커피-매일 정해진 가격만 지불한다. 모두 저렴한 비용이다.

시하 침낭도 하나 샀고, 200유로 지폐는 가게에서 손사래를 치는 큰 돈이라 작은 단위 지폐로 교환도 했다. (도시라서 가능) 공립 알베르게에 들어와 카미노 패스포트도 구입(1인 2유로)했다. 카미노 패스포트(끄레덴시알)에 지나는 곳마다 확인도장을 받아야 산티아고 도착해서 수료증을 받을 수 있다. 1년 사이 공립 알베르게 숙박비가 올라서 1인당 7유로가 됐다. 1~2유로씩 오른 것. 사립 알베르게는 10~12유로란다. 작년에 16유로 알베르게를 이용한 적도 있다. 10유로가 넘어가면 예산부족이라 주로 공립 알베르게를 이용해야 한다. 공립의 가장 큰 문제는 난방에 있다. 요즘이라면 난방이 없다. 새벽엔 추운데…. 그리고 공립에서는 와이파이를 기대하기 어렵다. (와이파이가 있다고 써놓았지만 제대로 작동하는 걸 못 봤다)

순례자의 상징 카미노 조개도 하나씩 샀다. 다행히 아이들이 이곳 스페인에 대한 기대가 커지는 걸 느낀다. 내가 하루종일 방에만 있어도 선생님 작업 방해하면 안 되겠지 하며 조용조용 지낸 아이들이다. (그렇게 변했다)

딱 10년 전 9월에 도시형 대안학교가 시작됐다. 내가 추진한. 나보다 딱 열 살 선배가 함께 출발했지만 한 달도 안돼서 헤어졌다. 독하게 결심할 수밖에 없었다. 그분은 새로운 교육과정에 대한 철학을 공유하지 못했고(오랫동안 입시학원 수학담당) 아이들과 어울리고 감성을 공유하기에 너무 나이가 많았다(고 당시 생각했다) 이제 내가 그 나이가 됐다. 겨울에 반바

지 반팔 차림이라도 아무 문제없었지만 10년이 지나니 가을날씨에도 관절에 한기가 들어오는 걸 느끼게 된 것이다.

우하하하 어이가 없어서 웃음(눈물도 함께)이 나온다. 그래서 함께 하는 두 아이에게 정성을 쏟는다. 얘네가 마지막 작품이다. 매우 아주 엄청 귀한 아이들…. 요즘 귀여운 짓만 골라서 하니 더 예쁘다(반어법 전혀 아님)

이 곳 위도는 43도…. 아침 8시에 희뿌옇게 동이 튼다. 적어도 9시는 돼야 환해진다. 현재 시각 새벽 5시 반. 아이들 깨워서 서둘러 카미노 첫 발을 내딛을 예정.

750㎞ 출발합니다! 응원 부탁합니다.

나바라떼 10월 22일 **2**일차

아이들은 6시에 일어나서 주스와 바나나로 아침 때우고 (나는 빵과 도너츠 먹고) 이런저런 준비 끝에 정각 7시에 첫발을 뗐다.

자고 일어나 아이들이 해결하기 어려운 게 침낭 개서 커버에 넣는 거다. 여러 번 연습하면 할 수 있겠지만 손이 작아서 아직은 무리다. 워낙 침낭 커버가 타이트하다. 크면 다 할 수 있다. 내가 침낭 처리하는 게 맞다.

드디어 시작된 산티아고 순례길, 시작이 절반이다. 걸으면서 〈배움여행〉 7호 인쇄용 PDF를 확인한다. 어쩔 수 없이 걸으면서 카톡으로 의견보내고, 지시하고…. 하다 보니 중년의 현지 여성이 한국말로 "안녕하세요"하고 인사한다. 그리고 우리가 반대 방향으로 가고 있으니 (손가락으로 가리키며) 저~쪽으로 가라고 알려준다. 200미터쯤 손해보고 제대로 길을 찾아 걷고 또 걷고. 한참 후에야 동이 튼다. 여명이 사라지고 완전히 밝아지면 9시가 된다.

　아이들 인생에 가장 긴 시간을 걷는 것일까? 아니다. 태즈매니아에서 9시간을 넘겨 걸은 적이 있구나. 크레이들마운틴 정상에 다녀왔던 지난 5월에…. 6월에도 7시간 산행이 있었다. 그때 힘든 기억 때문에 아이들은 첫발을 떼면서 긴장했다.
　한없이 걷는다는 것을 고통을 참는 극기훈련이라 생각한 거다. 하지만 새벽 공기의 상쾌함과 이른 아침 움직이는 사람들의 격려, 스페인이라는 상상의 먼 나라에서 걷는다는 호기심이 어울려 유쾌하게 출발했다.

　일부러 가르치지 않았는데 "그라시아스" "올라" "부엔 까미노"를 배우고 자주 써먹는다. 이름이 뭐냐고 스페인말로 물어도 눈치로 "태호"라고 대답하며 웃는다. '대답'과 '미소'가 아이의 변화를 상징한다.
　그동안 내게 왔던 어린 친구들은 대답하지 못했고 웃지 않았다. 누군가 관심을 갖고 나이나 이름을 물으면 피하거나 내 등 뒤에 숨곤 했다. 당연히 발화자에게 미소로 응대하는 건 있을 수 없는 일이다. 그러나 이제 태호는 그렇게 한다. 태즈매니아 Jo선생에게 그렇게 하더니 이제는 낯선 외국인에게도 미소로 대답한다. 절대 모르는 사람과 사진 찍지 않았지만 이제는 누구라도 사진촬영에 응한다.

나바레떼는 로그로뇨에서 13~4㎞떨어진 작은 마을이다. 우리는 걷기 시작한지 4시간 반 만에 도착했다. 중간에 느릿느릿 걸은 곳도 있고, 특히 나바레떼 진입로 양쪽에 펼쳐진 포도밭에서 포도를 따먹느라 30분을 머물렀다. 내가 먼저 마을로 들어오고 나서 30분 뒤에 아이들이 만족한 얼굴로 나타났으니 1시간을 포도밭에 있었던 것. 잔소리 듣지 않고 실컷 포도를 먹겠다는 심산으로 나보고 먼저 가라고 했다.

포도는 수확이 이미 끝났지만 이삭이 꽤 실하게 달려있다. 처음 먹어보는 맛인데 아주 좋다. 알갱이는 작지만 한국의 캠벨과 비교가 안 된다. 이곳 리오하 지방이 세계적인 포도산지고 나바레떼는 커다란 와인공장이 있어서 마을이 유지된다.

아이들이 이구동성이다. "선생님, 스페인이 호주보다 훨씬 좋아요. 여긴 '쓰레기'가 아니라 '개꿀'이네요." 다양한 나라에서 왔다는 남녀노소가 우리 아이들을 격려하고 웃어주고, 간혹 먹을 것도 나눠주고…. 그런데 세계 각국 걷는 이들 중 한국인이 가장 많다. 실제로!

이태리 청년과 아가씨를 연이어 만났고, 멕시코 아줌마와 아저씨도 연달아 만났다. 수많은 스페인 현지인과 인사했고, 27살 대만 청년도 만나고, 한국 청년 여성들을 많이 만났다. 아이들은 우리말이나 한글 낙서에 반가움과 놀라움을 나타냈다.

모두 나바레떼를 떠나 다음 행선지로 갔지만 우리는 나바레떼에서 묵기로 했다. 다음 알베르게(순례자를 위한 숙소)는 10여 ㎞를 더 가야하는데, 첫날이라 이 정도만 걷기로 한 것. 사립 알베르게 한 곳만 있지만 로그로뇨에서 가까워 우리말고 손님이 한 명 더 있을 뿐이다. 우리가 자는 방은 이층침대가 6개 있지만 우리 세 명이 독차지했다.

저녁 식사도 미리 예약을 받아서 제공한다. 마카로니 파스타와 바게트, 양배추, 토마토와 당근 채 썬 샐러드에 치즈를 듬뿍 넣은 접시와 와인이 식탁 위에 준비됐다. 이태리에서 왔다는 아가씨는 알베르게 직원처럼 일했다. 자신은 스키리조트에서 일한다고 하길래 스키 강사냐고 물었더니, 리조트 식당에서 일하는 종업원이란다.

화씨 9/11을 만든 마이클 무어 감독의 〈다음 침공은 어디〉에서 이태리 미싱사가 유급 휴가가 두 달이라고 말하더니 "휴가가 두 달도 안 되면 인간이 어떻게 살겠어요!"라고 말하는 장면이 떠올랐다.

나랑 동갑인 멕시코 아저씨는 씨푸드 도매업을 한단다. 화끈한 라틴

2일차 - 나바라떼 | 21

아저씨 때문에 와인 한 병 다 마셨다. 큰 아들이 27살인데 쉐프로 일한다면서 멕시코에 놀러오면 연락하라고 자기 이름 Juan^(후안)과 전화번호를 종이에 적어준다.

저녁을 맛있게 먹으며 얘기를 듣던 아이들이 이태리에 가고 싶다고 말했다. 태호가 이태리 가서 피자를 먹고 싶다고 하길래 "까짓 거 못 갈 일이 뭐있냐. 가자! 이태리로!" 아이들은 이미 이태리 청년을 만나서 사진을 같이 찍었고 ^(수염 기르고 눕듯이 키를 맞춰 사진 찍은 청년이 이태리 사람) 그에게 챠오^(안녕) 인사말도 배웠다.

내일은 오늘보다 두 배 걸을 거야 말하니 화끈하지는 않지만 싫다고도 않고 두루뭉실하게 긍정한다. 아이들보다 내가 먼저 잠들었다. 누군가 방 불도 끄고 침대에서 잘 자고 있다.

3일차

나헤라 10월 23일

20㎞를 걸었다.

5시간에 걸을 거리를 7시간 반이 걸렸다. 오늘도 오후에 비 소식이 있어서 서둘러 7시15분에 걷기 시작했다. 8㎞를 걸어서 벤또사에서 브런치를 먹었다. 바르(bar)에서 한 시간 넘게 있었고 걸음도 워낙 느렸다. 비가 오는 바람에 한 시간은 판초를 뒤집어 쓰고 걸었다. 도중에 힘듦을 표현하지 않았지만 나헤라에 도착하고 밥을 먹을 때 많이 힘들다고 하소연한다. 하지만 표정은 충분히 견딜만하다고 말한다.

어제와 차이는 걷는 내내 사람을 거의 만나지 못한 것이다. 우리가 어제 묵은 동네는 큰 도시 로그로뇨에서 가까워 일반적인 일정에 따라 걷는 사람들은 지나치는 곳이다. 숙박 패턴이 달라지니까 사람들과 만날 수 없었던 것. 온통 포도밭 뿐인 시골길을 우리 세 명이 걷다보니 흥미로운 일이 없었던 것이다. 둘이 수다 떠는 것도 한계가 있어서 걷기의 고단함이 더 크게 느껴졌을 것이다.

그래도 된다. 즐겁자고 스페인에 온 건 아니다. 하지만 그렇다고 극기훈련하자고 온 것도 아니다. 우리는 왜 스페인에 왔지? 그보다 왜 까미노에 한국 20대 여성이 가장 많을까? 생각한다. 나중에 기회가 된다면 분석 결과를 서술하기로….

8월에 다시 호주에 올 때 아이들이 전문 트레킹 신발을 가져왔다. 스페인에서 걸으려면 방수 트레킹 신발이 필요하기에 부모에게 요청한 것. 시하는 새 운동화를 구겨신는 일이 많아서 잔소리를 했다.

"신발 구겨 신으면 뒷부분이 꺾여서 발뒤꿈치에 부담을 준다. 나중에 스페인 까미노 걸을 때 고생할 거야"

어제부터 시하는 신발 뒷축 꺾인 부분에 닿은 뒤꿈치 살갗이 헐어서 고생한다. 상처에 붙여줄 밴드 테이프도 있고, 시하 아빠가 사준 근육 보강 테이프도 가방에 있지만 시하가 도와달라고 할 때까지 기다려보기로 했다. 시하는 자신이 운동화를 꺾어신었기 때문에 생긴 상처라고 생각하기에 선생님에게 하소연을 못하고 불편하게 어기적거리며 걷는다. 그러다가 피가 나고 딱정이가 앉아서 결국 굳은살로 변하면 뒷꿈치 불편함이 해결될 것이다.

먼저 도움을 구하지 않는데 선생이 나서서 조치할 필요는 없다고 판단했다. 앞으로도 지켜만 보기로…. 천천히 걸어도 되니까.

지난 10월 12일에 케냐의 킵초개 선수는 인류 최초로 마라톤 풀코스를 1시간59분에 기록해 서브2 시대를 열었다. 수많은 도우미들이 킵초개의 기록을 위해 동원되고 마라톤 대회가 아닌 기록측정을 위한 이벤트였기에 세계기록으론 인정받지 못한다.

킵초개의 쾌거를 전해들으면서 킵초개 선수는 장수할 수 있을까 생각해봤다. 내 생각에는 부정적이다. 프로 스포츠 선수들은 몸을 혹사하기 때문에 장수하기 힘들다. 인간의 몸으로 42km이상을 2시간 이내에 달리는 게 어떤 의미가 있을까. 왜 이런 이벤트를 벌이는가.

10년 이상을 사는 고양이가 주인의 보살핌 없이 길고양이가 되면 2년을 넘기지 못하고 죽는다. 거친 음식과 위험노출에 따른 스트레스가 수명을 단축한다. 과도한 운동이나 격심한 노동은 인간의 몸에 중대한 스트레스를 준다. 오래 못 산다.

하지만 세상의 모든 사물이나 개념은 양면성이 있고, 양면성 덕분에 외피를 갖추고 세상에 모습을 드러낸다. 스트레스 없이 생명의 성장은 없다는 것이 다른 측면이다. 자신을 파고드는 스트레스에 대항하고 넘어서는 의지가 성숙한 인간을 만든다. 수명이 짧은 목숨들은 빨리 성장하고 성숙해진다. 반대로 긴 수명을 가진 동물은 어른이 되는 기간이 길다. 인간도 그렇다.

스트레스도 갈래가 있다. 좋은 스트레스는 딛고 일어서는 디딤돌이 되고, 나쁜 스트레스는 쓰러지게 만드는 걸림돌이 된다. 가정의 파괴나 학대는 걸림돌이다. 걷거나 등산은 디딤돌이다. 이것조차 정도에 따라 디딤돌과 걸림돌을 오갈 수 있다. 부모나 교사의 가이드와 질책은 당연한 일이지만 일정 수준을 벗어나면 학대가 되는 원리다. 만약 매일 등산을 하고 점점 고산준봉 등정에 집착한다면 걸림돌이 된다. 중독의 문제보다 몸을 혹사하는 일이 생명력을 떨어뜨린다.

스페인 순례길 걷기는 아이들에게 적당한 스트레스를 주려는 의도다. 세계 어디를 걸어도 상관없지만 스페인 순례길처럼 안전하고 먹고 자는 문제를 쉽게 해결하는 곳은 없다. 걷다가 노숙을 해야 한다면 우리 아이들에게는 걸림돌이 될 뿐이다. 힘들지만 묵묵히 오래 걷는 일은 구원이 될 것이다. 이때 현재 스트레스 수준이 디딤돌일지 걸림돌일지 가늠하고 대처하는 일이 가이드(교사)가 할 일의 전부다.

어느덧 한국 사회는 풍요로움이 독이 될 정도가 되었다. 내 아이를 잘

키우는 일이 아이에게 풍요를 선사하는 것이라 믿는 분들이 많다. 거의 대부분 부모의 신념이다. 가장 흔한 예가 읽고 싶다는 책을 말만 하면 사주는 경우다. 장난감, 먹을거리, 치장품 등은 말할 필요도 없다.

욕구를 바로바로 채우면 장수할 수 있을지 모르지만 결코 성장하지 못한다. 결핍이야말로 성장의 디딤돌이다.

서브3를 위해 열심히 달리기 운동하는 것, 복근 만들기 위해 헬스장에 개근하는 일에 반대한다. 목표를 설정하고 목표달성을 위해 자신을 채근하는 것은 짧은 근대가 주입한 이데올로기일 뿐. 운동을 하더라도 깊은 사색이 필요하다. 오염되고 퇴색한 이데올로기 주입 경로는 바로 '학교'다. 학교는 지속되겠지만 이제는 천천히 느긋하고 느릿느릿 걷기를 바란다. 뒤도 돌아보면서 말이다.

산토도밍고 10월 24일

4일차

점심을 먹은 씨루에냐는
아파트가 즐비하고 멋진 골프장도 있지만 인구 100여 명에 불과한 괴이한 마을이다. 아파트가 대부분 텅텅 비어있고 'En Venta(for sale)' 딱지가 여기저기 붙어있다. 공포영화를 찍을 만한 곳이다. 이유를 알 수 없었다.
 바르(bar)가 딱 한군데 있어서 들어갔다. 토마토 스파게티를 시켰더니 한국적 스파게티 맛이라 아이들이 폭풍흡입~ 나는 생맥주 한잔을 마셨다…가 한잔 더 마시고 충만함을 얻었다.

 식당 TV에서 계속 프랑코를 떠들었다. 45년 만에 독재자 프랑코 총통의 묘를 국립묘지에서 파헤쳐서 일반인 묘지로 이장했다는 뉴스다. 프랑코가 누구던가…. 독재의 상징이고 박정희의 롤모델이다. 프랑코는

1966년에 법 개정을 통해 총통에 오르고, 박정희는 1972년에 유신헌법을 만들어 총통에 오른다.

프랑코는 스페인 내전에서 우파 반군 지도자로 승리하여 스페인 공화정을 내몰고 자신이 다스리는 스페인국(國)을 세워서 죽을 때(1975년)까지 다스렸다. 스페인 내전은 유명한 〈누구를 위하여 종을 울리나〉의 배경일 뿐 아니라 작가 헤밍웨이가 직접 참전하기도 했다.

코민테른과 전 세계 좌파 세력의 열렬한 지원을 받은 정부군이 수세에 몰리자 전 세계 지식인들의 참전 러시가 이어졌다. 스페인 내전으로 50만 명이 죽었다. 프랑코 집권 이후 저항 세력 수십 만 명을 학살했고, 현재 우리가 있는 곳에서 가까운 바스크 및 카탈루냐 독립세력을 무자비하게 죽였다. 지금 바스크 지방은 외교부에 의해 여행주의지역으로 지정됐다. (독립운동으로 유혈충돌)

그런 천하의 개새끼를 국립묘지에서 파헤치는 데 44년이 걸렸고, 오늘도 프랑코를 지지하는 것들이 눈물 바람으로 이장 반대를 외치고 있다. 박정희는 내일로 죽은지 딱 40년이 되었다. 물론 여전히 국립묘지에 있을 뿐만 아니라 현실 정치판에서 영향력을 행사하고 있다. 일부에서 반신반인이라 추앙하기도 한다.

식당의 TV 뉴스는 같은 내용을 반복해서 보여준다. 프랑코 유해를 담은 꽃장식 관을 헬기에 싣는 모습이고, 그의 손자가 뒤따르는 영상이다. 프랑코와 박정희는 20세기의 성격을 상징한다. 내 권력에 반대하면 잡아서 사형시키고, 맘에 안들면 가두고 두들겨 팼다. 맞다가 죽으면 암매장하고 실종처리하면 그만이었다.

20세기를 청산하지 못하고 21세로 넘어온 대가를 치르고 있다. 조국이니 윤석열이니 이름이 오르내리고 주말마다 초대형 집회가 열리는 일의 뿌리는 20세기에 있다. 이렇게 나라를 흔드는 사태와 똑같은 방식과 성격으로 교실에 축소 재현되고 있다. 아이들의 삶에 20세기의 모순이 폭탄처럼 터지고 있다. 목소리 큰 놈이 이긴다는 정서가 아이들 생각을 지배하고 있다. 그러니 룰은 당연히 무시되고 인과관계의 맥락은 쉽게 폐기되며 과잉행동과 억지주장이 최선이 된다. 누구나 이런 공기를 마시고 있고 벗어나지 못한다.

"너 죽을래!" "죽어!" "죽여버릴 거야!" 너무도 자연스럽게 입에서 나온다. 아직도 그렇다. 저주의 말을 내뱉는 아이들의 잘못은 일도 없다. 맘에 안들면 죽여버리는 일을 당연하게 생각한 이들이 여전히 권력의 최상부에 있는데 태어난지 20년도 안 된 아이들이 떠안을 책임이란 하나도 없다.

우리 아이들은 이틀 연속 이태리 여행을 얘기한다. 그런데 맥락이 바뀌었다. 이태리에서 피자를 먹고 싶다에서 7성급 호텔에 가고 싶다, 페라리와 람보르기니를 타고 싶다로 바뀐 것. 예상한대로 다음 얘기는 7성급호텔은 하룻밤에 얼마냐, 페라리 스포츠카는 얼마냐, 람보르기니는 얼마냐 질문한다. 아이들에게는 비싼 값이 그대로 권위다. 다음 수순은 뭘지 당연히 예상된다. 지금까지 만난 모든 아이들이 똑같았다.

"내 차가 그랜저인데요... 그랜저는 얼마인가요?"
"뭐? 니 차가 그랜저라니... 아주 당당하게 자기차라고 말하네. ㅋㅋ"
"아 증말 제 차라니까요"

"니 차가 어딨어! 엄마 차지"

"암튼 엄마 차인데요, 여기 있는 차들 중에서 그랜저는 어느 정도 좋은 차예요"

태호가 얼마나 좋은 차냐고 묻는 건 얼마나 비싸냐고 묻는 거다.

"여기 보이는 차들보다 그랜저가 더 비싸고 좋은 차야"

스페인 시골 동네 주택가 골목에 서있는 승용차는 모두 낡은 소형차 뿐이다. 아이는 우월한 그랜저에 대해 자부심이 들고 안심이 된다.

이번엔 시하가 나선다.

"선생님, 이태리여행가서 7성급 호텔에서 잘 수 있나요?"

"하루에 2백만 원하는 호텔에서 뭐하러 잠을 자. 그리고 호텔에서 자려고 이태리로 여행가냐…. 뭔가 잘못된 거 아니야, 엉?"

"선생님이 이태리 가자고 했잖아요. 결국 와인 마시고 취해서 헛소리 한 건가요?"

"뭐? 듣고보니 그러네…. ㅎㅎ 내가 헛소리 한 거야. 미안하다. 하지만 니가 대학생이 된 다음에 이태리로 갈 기회가 있을 거야. 아참, 옛날에 산티아고 순례길에 나선 수도자들은 로마부터 걸어온 거래. 우리 로마까지 걸어서 가 볼래? 5개월 정도 걸려"

"네? 로마까지 길이 있어요?"

"그럼…. 한국도 걸어갈 수 있어. 여기서는. 호주에서는 한국을 걸어갈 수 없지만…. 한국까지 걸어볼까? 2년이면 한국에 도착할 수 있어. 지금 걷기 시작하면 너희가 중학생이 돼서 도착하겠구나. 와~ 엄청난 일인데... 재밌겠다. 가자! 한국까지"

"아 싫어요. 절대 걸어서 한국 안 가요"

이렇게 해서 와인 마시고 '헛소리한 실수'를 지워버렸다.

여기서 중요한 점이 있다. 위 대화는 일종의 즉흥극과 같다. 아이들이 진짜로 내가 이태리로 여행가자고 한 말을 곧이곧대로 믿어서 하는 말이 아니다. 아이들도 나와 대화 접점을 찾기 위해 본능적으로 소재를 가져오고 일종의 퍼포먼스 성격으로 즉흥적인 다음 대사를 구사하는 것이다. 그렇기 때문에 아이들과 대화는 현상학적 해석이 가능하고 질적 연구 대상이 될 수 있다. 혹여 아이의 발화를 팩트체크하려고 덤비면 안 된다. 아이의 발화가 아이의 생각을 100% 반영한다고 보는 것도 넌센스다. (어느 정도 반영하겠지만) 아이가 대화 중이라면 반드시 상대방이 있는 것이고 그 상대는 "나"이다. 나를 향해 발화하는 거니까…. …. 따라서 내가 어떻게 반응하고, 내가 어떤 발화를 하고 액션을 하느냐가 아이의 발화내용에 반영된다. 그러니 아이의 말이 어찌 아이만의 말이겠냐 말이다. 말하지 못하는 아기에게도 똑같이 성립한다.

그럼에도 불구하고 비싼 것, 좋은 것, 남이 부러워할만한 것에 권위를 부여하고, 자기가 부여한 권위에 복종하는 모습은 20세기 잔혹한 세상을 떠받치는 상품경제사회의 연장이다. 룰에 따르지 않거나 지극히 이기적인 모습을 보이는 아이들이 문제라면 그 해법은 정치적으로 20세기와 단절하는 것이다.

최상층 권력카르텔이 보이는 실상이 공중파로, 유튜브로 중계되는 세상에서 아이들은 자신들이 부여한 권위와 즉흥극을 진행하는 거다. 인생이 퍼포먼스다.

시하의 발뒤꿈치에 밴드를 붙이고 탄력테이프로 발을 두번 감쌌더니 어기적어기적 걷던 아이가 날아다닌다. 태호가 가만있을리 없다.
　"선생님, 사실은 저도 발목을 접질렸어요. 저도 다쳤다구요"
　"오구오구…. 그랬구나. 샤워하고 나오면 너도 테이프 감아서 치료해줄게"

　오늘 21㎞를 걸었단다. 같은 마을에서 출발해서 저녁에 같은 알베르게에 묵은 한국인 순례자가 알려주었다. 나는 몇 ㎞를 걸었는지 체크하지 않으려 한다. 매일 5~6시간을 걷는 게 목표다. 다만 오늘은 거의 9시간을 걸었다. 아이들이 걷다가, 장난치다가, 갈대를 꺾어서 놀다가, 포도를 따먹다가, 깔깔거리다가, 춤을 추다가, 앉아서 쉬다가 걸어서 그렇

다. 뭐 아무 상관없다. 덕분에 까미노를 전세 냈다. 오후 2시가 넘으면 길에 아무도 없다. 다들 숙소에 도착해서 여장을 풀고 있을 시간이기 때문이다.

중국인 가게가 있어 들어가니 온통 공산품인데 유일한 식품이 신라면이다. 반가워 사다가 저녁으로 끓여먹었다. 아이들도 만족~ 알베르게 손님의 절반 이상이 한국인이다. 대부분 청년들. 우리까지 12명이 묵고 있다.

우리 아이들이 어른이 됐을 때 선생님의 여행일기를 보면 힘이 나지 않을까? 문득 생각했다.

벨로라도 10월 25일

5일차

8시간을 걸었으니 어제보다는
1시간 덜 걸었는데 거리는 더 많이 걸었다. 출발 시간도 전날보다 30분 늦었다. 아침으로 컵라면 먹다가 쫓겨났다. 8시에는 알베르게를 떠나야 하는 룰이다. (컵라면은 겨우 다 먹었다) 동네 벤치에서 도넛을 마저 먹고 8시 30분에 산토 도밍고를 출발해서 6시간이 지나 작은 마을 비로리아에 도착해서 묵으려고 했다. 그런데 아이들이 알베르게 겉모습을 보더니 더 걷겠다는 거다. 벽돌 없이 왕자갈돌과 진흙으로 벽을 만든 건물은 오래돼서 건축 방법이 겉으로 드러나 있다. 둘다 흔쾌히 더 걸을 수 있다고 하길래 다음 마을에서 머물 생각으로 다시 걸었다. 길 위에 걷는 이는 우리 밖에 없다. 우리 아이들 속도가 워낙 느려서 아침에 같이 출발한 사람들은 다 가버린 거다. 아이들이 느린 이유는 보폭이나 속도에 있지

않고 만나는 모든 자연환경을 관찰하거나 둘이 수다떨면서 창작 시나리오를 쓰기 때문이다. 바라던 바다.

문제는 한 시간 반을 열심히 걸어 도착한 다음 마을인 비야마요르의 유일한 알베르게가 영업을 하지 않는 것. 여기저기 기웃거려도 마을에서 잠자리를 얻을 수 없었다. 알베르게나 호스텔은 5km를 더 가야하는 상황. 내가 지쳤다. 어제 9시간 배낭을 매고 있었던 게 힘들었는가 보다. 우리 아이들 속도로 5km는 1시간 반이 걸릴텐데, 억지로 간다면 다음날 큰 지장을 줄 거라 판단했다. 태호가 "5km? 걷죠 뭐"하는데, 시하가 아무 의견이 없다. 시하도 지칠 대로 지친 것. 약간 고민하다가 택시를 불렀다. 이런 상황이 종종 있는지 담벼락에 24시간 콜택시 전화번호가 있다.

10분도 걸리지 않아 도착한 곳이 벨로라도. 영화상영관이 있을 정도로 있을 거 다 갖춘 타운이다. 공립 알베르게에 들어 침대를 구하고 세탁기 돌려 빨래도 해결했다. 수퍼마켓에서 오레오 과자, 우유, 요거트, 생수, 바나나, 콜라, 바게트를 샀다. 아이들이 선택한 아이템이다.
마을 광장에 놓인 파라솔 의자에 앉아 쇼핑한 먹을거리로 저녁을 해결했다. 알베르게는 전날 함께 묵었던 한국인 순례꾼으로 붐빈다. 걷다가 만난 남녀노소 한국인들은 친한 친구가 될 수밖에 없다. 같이 쇼핑하고 함께 조리해서 매일 파티 같은 저녁을 먹는다. 와인은 기본이다. 리투아니아와 헝가리 커플도 다시 만났다. 다들 밝은 표정이지만 지친 기색이 역력하다. 우리가 택시를 이용하지 않았다면 30km를 걸었을 거다.

작년 봄에 걸을 때 가장 많이 만난 외국인은 미국 사람이고 다음이 독일인이었다. 젊은 사람 늙은 사람 다양한 독일 사람을 만났는데 아직 한 명도 만나지 못하다가 드디어 40전후로 보이는 독일 아저씨와 만났다.

"구텐 탁" 했다가 아니지 싶어 다시 "구텐 모르겐"하고 인사했더니 놀란다. (오전 9시였으니까) 내친 김에 '이히 리베 디히'(I love you)라고 하려다가 참았다. 고등학교에서 2년을 독일어수업을 들었지만 아침 점심 저녁 인사와 "아우프 비더지엔(See you again)"만 남았다. 참으로 한심하다.

스페인 까미노에서 만난 독일인은(내 경험의 좁은 세계에 국한해서 말하자면) 모두 좋은 매너를 보여줬다. 화이트칼라, 블루칼라 가리지 않고 그랬다. 눈빛이 맑고 자신감이 있다. 유럽의 경제적 기둥 역할을 해서 그럴까? 아니라고 본다. 가보지 않았지만 독일의 교육제도와 사회적 분위기의 결과가 아닐까 싶다.

점심참에 레데실야 마을에서 만난 불가리아 아저씨가 인상적이다. 여기저기 기웃거리니까 뭐라고 말을 거는데 알아들을 수 없었다. 셈족과 아리안족과 강호동을 섞어놓은 얼굴과 풍채였다. 둥글고 큰 얼굴이 까무잡잡하다. 가만히 귀 기울이니까 자신이 불가리아 사람이라고 말했다. 저기 보이는 저 트럭 운전을 한다고 말하더니 갑자기 폰을 꺼내 나

랑 투샷 사진을 찍자고 제안한다. 폰을 여니 소녀 모습이 나온다. 딸이라고 자랑하듯 말한다. 뭐 그렇게 모델이 돼주었고….

바르에서 일하는 파라과이 아줌마의 밝은 표정도 인상적이다. 스페인도 (주로 남미에서 온) 외국인 노동자들이 많다. 노동 여건이 좋으니 삶이 구겨지지 않아 보인다. 태즈매니아 관광지 레스토랑에서 일하는 한국인(부산 출신) 34살 청년은 호주 생활에 만족한다고 말했다. 주 38시간을 일하는데 충분히 아내와 어린 아들과 먹고 사는데 지장이 없단다.

세계12위 경제대국이 됐다고 떠드는 한국의 노동정책은 참으로 암울하지 않은가. 스페인은 한국보다 경제지표가 뒤지지만 노동자들의 모습에서 제도적 배려를 확인한다. 프랑코 사후 45년만에 국립묘지에서 파낸 조치와 박정희 사후 40년인데도 정치적 영향력을 발휘하는 차이라고 본다.

제발 대한민국 잘 좀 하자.

스페인 별명이 '태양의 나라'다. 오늘 하늘이 별명에 걸맞는다. 당분간 쾌청한 날씨를 예고한다. 지금이 걷기에 가장 좋은 때인듯. 봄보다 못한 여건은 가을과 겨울엔 비가 좀더 오기 때문이다.

아이들과 오래 걷다보면 온갖 대화 소재가 동원된다. 오늘은 살고자 하는 몸부림/지뢰/전쟁/크레모아/길고양이 수명/중세와 르네상스/스페인과 이슬람 등이 랜덤으로 나왔다. 기록하면 하나하나 재밌는데, 기력과 시간이 부족하다.

아이들은 장거리 걷기에 적응됐다. 나만 문제다. 나도 화이팅!

6일차

바야프랑카 10월 26일

스페인에서 걷다보니까

스페인 독감이 떠올랐다. 오늘의 공부 소재로 적절하다는 생각에 아이들에게 전할 말을 생각으로 정리하며 출발했다. 어제와 비슷한 시각인 8시 30분에 걷기 시작해서 쉬엄쉬엄 걷다보니 1시 반이 됐고, 몸이 뻣뻣

하게 굳는 느낌이 든다. 아이들도 걷는 게 영 시원찮다.

　오늘은 이만 걷기로 했다. 그동안 오버페이스이기도 했고, 먹는 것도 부실한 편이라 충전의 시간을 갖는 게 좋겠다고 판단했다. 부르고스에 내일 도착할 예정이었지만 하루 더 늦춘다고 문제될 건 없다.

　어제 우리는 〈리오하〉 주에서 〈까스띠야 y 레온〉 주로 들어왔다. (y는 영어의 and) 확실히 생산농산물이 다르다. 리오하는 끝없는 포도밭이었지만 주 경계를 넘으니 (역시 끝없는) 옥수수와 감자밭이다. 까스티야는 중세 때 이베리아 반도(지금의 스페인 전체)에서 가장 큰 왕조의 이름이다. 현재 스페인어가 까스티야어이다. 스페인 안에서도 바스크어, 카탈루냐어, 갈리시아어가 있고, 그리고 포르투갈어도 같은 뿌리라 서로 알아듣는다. (포르투갈에서 "땡큐"는 "오브리가도"인데 일부 일본어 "아리가도"의 어원으로 보는 썰이 있지만 전혀 팩트가 아니다)

　영어의 hello, 스페인어 hola, 독일어 halo가 서로 연관됐다는 건 직관적으로 알 수 있다. 그런데 동북아 3국, 한중일의 말이 전혀 다르다는 건 연구 대상이다. 어쨌든 우리는 스페인 중부 지역으로 들어왔고 이제 산티아고까지 540㎞를 남기고 있다. 내가 짐작을 잘못해서 750㎞ 걷기라고 했는데 우리는 실제 600㎞를 걷는 게 맞다. (로그로뇨에서 산티아고까지)

　스페인에서 마음 한켠이 불편한 건 한국의 정치 상황 때문이다. 오래 전부터 김대중 대통령이 왜 국정원을 해체하지 않았을까 궁금했다. 자신을 죽여서 현해탄에 던져버리려던 청부살인조직이 국정원(중앙정보부)

인데…. 나 같으면 집권하자마자 싹 걷어냈을텐데 생각했었다.

　노무현 정부도 국정원을 전혀 어쩌지 못했다. 윤석열이 집행하는 영수증 필요없는 특수활동비가 280억 원이지만 국정원 특수활동비는 연간 4천 억 이상이다.

　결국 며칠 전 김종민 의원이 국감장에서 "과거 검찰은 국정원이 관리했다" 발언이 핵심이라 생각한다. 어찌됐건 세월호로 국정원이 위축되니까 검찰은 더 눈치 볼 권력이 없을 것이다. 그게 아니라면 앞에 나설 수 없는 국정원을 대신해서 검찰이 국정원 아바타 역할을 하는 것일 수도 있겠다. 전자든 후자든 결과적으론 같다.

　하염없이 걷는데도 지루하지 않은 건 두 가지 이유가 있다. 하나는 계속 바뀌는 풍광 때문이고, 또 다른 하나는 (내 경우에만 해당하는데) 한 가지 소재나 주제에 대해 깊은 곳까지 생각이 닿도록 실험이 가능하다는 점이다. 골똘히 생각하다보면 2시간은 금방 지난다.

　아이들과 같이 걸어도 마찬가지다. 서로 속도가 맞지 않으니 저절로 간격이 벌어진다. 20~30분 후에 다시 만나 동행하다가 이내 서로 떨어져 걷게 마련이다. 따라서 내게 생각실험의 충분한 시간이 주어진다. 사실 그렇지 않다면 아이들과 같이 걸을 수 없다. 언제나 아이 곁에 있으면 어른 가디언은 고통을 느끼게 된다. 무엇보다 서로 떨어져 걷는 게 아이들의 성장을 위해서도 좋은 일이다.

　내가 생각실험에 빠져있을 때 아이들 둘 사이에 어떤 대화가 오가는지, 어떤 해프닝이 있는지 알지 못한다. 어제의 예를 들면, 아이들은 내

뒤에서 걷다가 고양이가 생쥐의 정신을 쏙 빼놓고 결국 씹어 먹는 모습을 가까이서 생생하게 목격했다.(아이들이 흥분해서 내게 전한 말) 목격현장에 인솔자 어른이 있는 것과 없는 것 중 단연코 없는 게 교육적으로 더 바람직하다. 어른 보호자가 함께 할 때 아이들의 경험은 어른을 통과해서 자신의 것으로 축적된다. Not Good이다. 내가 현장에 없었고, 사후에 아이의 언어로 전달하는 게 훨씬 바람직하다.

정보를 통제할 수 있다면 마음대로 세계를 구성할 수 있다. 정보의 통제는 정보의 차단도 있지만 내가(정보공급원) 원하는 정보의 공급도 포함한다.

10.26 밤 술자리에서 권총에 맞아 얼굴이 날아간 박정희 사망 소식을 다음날 아침에 알았다. 당시 조선이나 동아일보는 석간이었는데 아침에 호외를 뿌렸다. 라디오 뉴스에도 '대통령 유고'라고 표현하며 박정희 죽음을 보도했다. 27일은 토요일이지만 당시엔 학교에 등교했고(친구들은 평소와 달리 쥐죽은 듯 조용했다) 선생님도 수업을 제대로 하지 못했다.

우리는 어른들의 표정을 통해 세상이 불안하다는 걸 알았다. 일주일 전 부산과 마산에 유혈사태가 일어난 것은 모르고 있었다. (정보의 통제) 하교 후 가까운 친구들과 집으로 걸어가면서 "과연 박정희 같은 민족의 영웅이 또 없을 테니 (박정희만한 인물이 또 어디있겠는가, 원하는 정보의 공급) 나라의 운명이 걱정이다" 같은 대화를 나눴다. 혼란을 틈타 북괴가 특수공작원을 후방에 침투시키면 어쩌나 하는 걱정을 했다. 그때가 중3이다. 나와 우리는 정보의 통제를 통해 길들인 강아지와 똑같았다.

다음해 일어난 광주학살을 전해들어도 믿지 못하고, 북한 공비의 소행이라는 루머에 불안한 마음만 가득했으니, 그런 어처구니없는 일에 대한 단죄의 법정이 열린다면 누가 피고석에 앉아야 하느냐 말이다. 정치권력자와 집행자들은 물론이거니와, 나는 교사도 단죄의 법정에 서야 한다고 주장한다.

노태우 집권 초기 교실에서 6학년 아이들에게 발언한 내용으로 안기부 조사를 받았던 내가 공권력에 대한 공포와 불안을 모르는 바가 아니다. 하지만 적어도 박정희, 유신, 광주학살, 전두환에 대한 팩트를 공식적으로 확인한 현재는 독재탄압에 대해 발언해야하지 않나. 그래서 아이들과 나눈 얘기가 "스페인 독감"이다.

"지금으로부터 100년 하고도 1년 전에, 그러니까 1918년에 발생한 독감이 전 세계 인구의 최소 5%이상을 죽였고, 당시 1차세계대전 사망자의 3배가 죽은 거지. 증상이 독감처럼 기침과 고열이 나다가 피부가 보라색으로 변하며 죽는 병으로 마땅한 치료제가 없었어. 이건 14세기 패스트 다음으로 많은 사람을 죽게 한 전염병이었고, 일제 치하의 조선도 14만 명이 죽었다고 총독부 통계에 나와 있어.

조선의 사망자는 적은 편이었지. 중국 북부에서도 크게 유행했다고 하니, 만주나 북간도에 사는 조선 동포의 죽음은 통계에 없다고 봐야지. (박경리 <토지>에 유행 독감에 걸리지 않으려고 집 밖에 나가지 않고 모든 물을 끓여서 먹는 장면이 나온다) 1918년이 무오년이라 무오년 독감이라고 불렀어. 세계적으로 모든 지역에서 유행했는데 어떤 나라는 거의 전 국민이 몰살된 곳도 있지. 사람들은 이걸 '스페인 독감'이라고 이름 붙였어.

이 당시엔 이미 바이러스에 대한 지식이 있어서 왜 이런 유행병이 번지는지 과학자들은 알고 있었어. 최초의 시작이 어딜까. 스페인 독감의 최초 발생지 말이야. 스페인일 거라구?

아니야. 최초의 발병은 미국 시카고였어. 스페인독감은 1차세계대전과 관계가 깊어. 참전군인의 고향복귀가 감염경로라는 주장도 있지만 어쨌든 세계대전의 종식에 결정적 영향을 미쳤거든. 전투가 아니라 침대에서 군인들이 고열과 기침에 시달리다가 죽어나가는 숫자가 어마어마하니까 전쟁을 지속할 수가 없었어.

스페인은 1차세계대전 참전국도 아니고 독감이 대유행한 나라도 아니야. 다만 스페인 국왕 알폰소 13세가 당시 유행독감에 걸렸다는 기록이 있어. 당시 스페인은 사회주의 정치 세력이 엄청 성장하고 번지고 있었어. 러시아혁명이 한 해 전에 일어나서 러시아황제를 몰아내고 사회주의 혁명 정권이 들어섰지. 러시아는 영국 미국 일본과 한편으로 독일 동맹국과 싸우고 있었고….

그런데 미국 기자들이 대유행독감을 밑도끝도 없이 스페인독감이라고 부르기 시작한 거야. 정작 독감의 시작은 미국이었는데 말이야. 100년이 지나서도 당시 대유행독감이 스페인에서 시작했거나, 스페인 희생자가 특별이 많았다고 착각하게 만든 거지. 참 어이없는 일이지.

기록에 의하면 스페인독감은 1919년 1월에 사라졌다고 나오는데, 1919년은 기미년이고 바로 3.1만세운동이 일어난 해이지. 올해가 100

주년이야. 이미 일본의 식민지로서 조선은 사라졌지만 고종은 1919년 1월 21일에 독살돼서 죽어. 그리고 3월1일은 고종의 장례식을 치르는 날로 지정됐어. 1918년에 조선 민중의 절반인 750만 명이 독감에 걸렸으니 고종이 혹시 스페인독감으로 죽었을 수도 있어. 헤이그 밀사인 이준의 할복자살이 만들어진 이야기인 것처럼 고종이 독살 당했다는 소식은 조선 민중에게 피끓는 분노를 일으키도록 했겠지. 팩트는 알 수 없고 고종의 독살이든 스페인독감에 의한 병사든 3.1만세운동은 일어날 수밖에 없는 역사적 맥락이 있어.

그러니 20세기 들어와 배부른 유럽국가들의 갈등, 식민지 쟁탈, 새로운 철학의 등장, 과학기술의 발달, 전쟁, 바이러스, 전 지구의 연결, 사람들의 생각은 한 덩어리가 돼서 뒹구는 거야. 이걸 한 덩어리가 되도록 붙이는 역할을 언론이 하는 거야.

스페인독감이라고 이름 붙인 기사를 생각해봐. 정보를 통제하는 경로가 언론인데 백년 전에는 신문과 라디오였고, 50년 전에는 TV였으며, 지금은 인터넷과 유튜브가 정보의 통로가 됐지. 유튜브가 미국의 구글 것이니까 미래엔 특정한 회사에 묶이지 않는 제2의 유튜브가 나올 거야.

문제는 너무 많은 정보에 사람들이 속이고 속는다는 거지. 독감을 낫게 하려면 굿을 하거나 종이를 태워서 재를 물에 타서 마시라는 정보가 있을 때, 제대로 된 정보는 없고 죽음의 공포에 시달리는 사람은 전 재산을 털어서 굿판을 벌릴 수밖에 없어. 그러니 어찌해야 할까.

그래서 공부가 필요한 거야. 우리는 늘 정보를 공기처럼 마시고 살고 있어. 이제 정보공급자는 정치권력자야. 총칼을 든다고 힘이 있는 게 아니지. 우리가 정보를 주는대로 먹으면 매연을 줘도 먹게 되고, 미세먼지를 줘도 마시게 되는 거지.

너희들에게 강제로 먹이는 매연 같은 정보가 있어. 그건 열심히 노력해서 경쟁에서 이기는 것이 세상의 기본원리라는 거지. 세상이 원래 그런 거니까 내가 사람으로 태어나서 할 일은 남들보다 잘나도록 애쓰는 거라는 거야. 그리고 잘나지 못하고 못난 결과라면 내가 불이익을 당하는 게 당연하다고 받아들이라는 거야. 거리의 노숙자들을 마음껏 조롱해도 떳떳한 거라고 가르치고 있어. 아이들 중 말이 느리고 숫자 계산을 정확하게 못하면 놀리거나 불쌍하게 여기는 게 당연한 세상이라고 말하고 있어. 모두 아니야. 잘못된 정보를 분수처럼 쏟아낸 결과야. 내가 말한 적이 있잖아. 거리의 노숙자에게 빵과 우유를 주는 것은 정의로운 게 아니라고. 노숙자에게 집을 주고 돈을 줘야지.

정부나 대기업은 돈이 있어. 돈을 받은 노숙자가 돈을 탕진한다면? 그럼 돈을 또 주고 탕진한 이유를 찾아서 도와줄 사람도 보내줘야지. 정부는 그러라고 있는 거야. 캐나다 정부는 발달장애로 판정된 어린이에게 지원금 15억 원을 일시로 준다고 하잖아. 가정형편에 관계없이 모두 지급한대. 발달장애인을 위한 시설과 교육기관 무료 사용은 당연한 거고 15억이란 큰 돈은 발달장애인이 인간적 존엄을 잃지 않도록 평생 쓰기에 넉넉한 돈은 아니야. 그래도 캐나다 정부의 결정에 칭찬해주고 싶어. 캐나다도 잘 사는 나라지만 한국도 못지않게 잘 사는 나라거든.

우리가 그동안 어떤 공기를 마시고 살았는지 돌아봐야 돼. 즉 우리에게 계속 제공된 정보가 무엇인지 살펴야 한다는 말이야. 그리고 앞으로는 좋은 공기를 마셔야 하겠지. 혼자만 잘 살면 재미없다는 게 맞는 말이야. 고통 받는 이웃이 있는데 내 삶이 풍요롭고 기쁘기만 하다면 뭔가 이상한 거 아니야?"

이런 얘기를 해줘야겠다고 생각정리를 하면서 걸었다. 이미 스페인 독감에 대한 간략한 정보는 전달했다. 아이들이 중학생 쯤 돼서 이 글을 읽으면 이해할 거라고 믿는다. 또 모르지…. 선생님이 남긴 글로 자신의 진로에 참고할런지도.

호텔과 알베르게를 함께 하는 곳에 들어왔다. 알베르게 시설이 매우 좋다. 1인당 10유로. 좀 비싸지만 만족한다. 여기 침대 매트리스는 제대로 된 놈이다. 그동안 알베르게는 비닐커버 씌운 스펀지 매트였다. 자고 일어난 컨디션이 다르다. 그런데 손목시계와 스마트폰 시계가 서로 맞지 않는다. 알아보니 새벽3시에 썸머타임이 종료됐다. 유럽이 다 그렇단다. 이제 한국과 시차는 8시간으로 1시간 늘어났다.

저녁 같은 점심을 호텔 레스토랑에서 먹었다. 순례자를 위한 저렴한 13유로 메뉴가 있다고 해서 2인분을 시켰다. 스파게티, 비프 스튜(엄청 부드러운 소고기 잔뜩), 치킨 프레타(정확한 이름 헷갈림. 암튼 레시

피 훌륭)가 나오고 와인은 무한 제공이다. 물도 무료 제공. (그동안 물을 사서 마셨다)

아이들은 배부르게 먹고 나는 남은 음식과 와인으로 포식. 3인분을 시켰다면 머리털을 뽑았을 것이다. 다 먹지 못해서. 그리곤 마을 놀이터에 나가서 3시간을 놀고 들어온다. 아, 역시 아이들은 힘든 게 아니었어. 앞으로 힘들다는 투정을 받아주지 말아야지. 사실은 내가 견디기 힘들어서 하루 쉬는 의미로 일찍 걷기를 마친 것이다.

7일차

아따푸에르까 10월 27일

유럽의 썸머타임이 종료됐다.
새벽에 시간이 한 시간 늦춰졌다. 아이들은 어제 적게 걷고, 잘 먹고, 썸머타임의 종료로 한 시간 더 잤다.

매일 여행기록을 남기는 일은 중독성이 있다. 당장은 소수의 사람들만 읽겠지만 내가 죽고 난 이후에도 남을 것이기에 소중한 기록이라고 생각되니 소홀히 할 수 없더라. 그래서인지 개요 없이 써내려가도 술술 잘 풀린다.

다만 자판이 없어 스마트폰에 엄지로만 쓰다보니 불편함이 있다. 하지만 그런 결핍이 기록을 잘 남기게 한다. 절실함이랄까…. 이래도 좋고 저래도 좋다면 여행기를 남기지 못할 것이다. 글을 쓸 시간은 일부러 짜내야 할 형편이다. 주로 자정 넘어 새벽 시간을 이용하고 있다. 어제는 더 길게 쓰고 싶었다. 할 말이 꼬리에 꼬리를 무는 식으로 이어졌다. 마무리 하지 않으면 밤을 새야 하는 형편이라 타협하지 않을 수 없었다.

아이들은 걷는 속도가 붙었고 쉬지 않고 계속 잘 걷는다. 7시간을 길에 있었고, 모든 길이 숲길이다. 처음 30분 정도 오르막이었고 이후 내리막이거나 평지라서 편안하고 자동차를 만나지 않기 때문에 쾌적했다.

독일 청년과 잠시 스치기도 했고, 이태리 아저씨, 프랑스 중년 부부, 부르고스에 사는 현지인, 브라질 중년여성 등 다양한 외국인들과 인사를 나누었다. 숙소에 들어가면 단연 한국인 순례꾼이 가장 많다. 알베르게 주인도 좀 놀라는 눈치다. '왜 한국인 손님이 이렇게 많을까' 생각하는 표정이다.

틱낫한 스님이 걷는 동안 자신의 발끝 움직임에 집중해보라는 조언이 생각나서 나도 따라해봤다. 왼발 오른발 운동화 코가 번갈아 앞으로 나왔다 뒤로 들어가는 장면을 보고 있으면 다른 생각이 들어오지 않는다. 내 경우 마치 책상에서 노트북을 펼친 것처럼 생각으로 집필하며 걷는데, 발끝에 집중하면 모든 생각이 차단되는 느낌이다.

발끝만 그런 게 아니다. 눈에 들어오는 풍경을 하나하나 기억하듯이 바라보면서 걸으면 어떤 생각도 이어갈 수 없다. 그렇게 생각 없음이 편안함을 주는 경험이 걷기의 매력일 수 있다. 일상에서 멍때림은 불안을 줄 뿐이다.

국내에서 걷는다면, 제주 올레길을 예로 든다면, 눈에 들어오는 풍광과 스치는 사람들이 낯설지 않아서 집중하지 못한다. 눈에 들어오는 정보가 단지 행사장의 병풍 같아서 오만가지 번뇌가 올라오지만 스페인 걷기는 머릿속이 비워지는 느낌이라 한국인들에게 인기 있을 거라 생각했다.

숲길을 몇 시간 걸으면서 만나는 나무가 거의 두 종류다. 소나무와 참나무가 뒤섞인 숲이다. 소나무는 궁궐의 재목이 되는 금강송 모습이지만 굵지 않다. 참나무도 내 허벅지 굵기 정도다. 많아야 2~30년 나이로 보인다. 하지만 얘네들이 매우 키가 크다. 높이 자라느라 옆으로 굵어질 새가 없었던 것. 소나무와 참나무가 서로 경쟁하듯이 키가 자랐다. 햇볕을 보려고 한 것이다. 옆에 있는 놈보다 늦게 자라면 그림자가 져서 볕을 볼 수 없다. 그러니 굵어질 틈 없이 키만 훌쩍 커졌다.

선운사 500살 아름드리 동백나무가 있는 반면 제주 선흘리 동백동산의 동백나무는 조만간 덩쿨식물로 변할 처지에 있다. 동백동산 동백나무는 4.3의 결과 주민들이 몰살 당해서 참나무가 커버린 탓으로 키만 한없이 커지다가 더 이상 버티지 못하고 덩쿨화 과정에 들어간 것이다. 선흘리 숲에 살던 주민들은 참나무 숯을 구워서 팔던 이들이다. 주민이 사라지니까 참나무는 베어지는 일이 없었고, 원래 자라는 속도가 빠른 참나무는 얼싸좋다 쑥쑥 커버리니까 빨리 자라지 못하는 동백나무들이 햇볕을 쬐려고 무리하게 성장하면서 과부하가 걸려 동백동산에 동백꽃이 사라지고 동백나무는 덩쿨로 변하는 비극을 맞이했다. 성장경쟁에서 도저히 참나무를 따라가지 못한 동백나무가 참나무를 휘감고 올라가는 덩쿨로 일종의 진화를 한 것(현재 덩쿨로 변하는 초기 시기)이다.

도토리가 달리는 나무는 모두 참나무라고 부른다. 구황열매 도토리가 참으로 고마우니 참나무고, 잘라서 숯을 만드니 참다운 나무인 거다. 육지의 참나무는 여섯 종류다. 상수리, 떡갈, 굴참, 졸참, 갈참, 신갈나무다. 모두 가을에 낙엽이 진다. 제주의 참나무는 낙엽이 지지 않는다. 육지 참나무와 잎새모양이 많이 다르다. 그래도 도토리가 열린다. 동백동산에는 종가시나무와 개가시나무가 산다. 개가시나무는 제주에만 사는 희귀종이다. 가시나무의 가시는 찌르는 가시의 가시가 아니다. 그래서 가시나무에 가시 없다는 말이 생겼다.

4.3의 비극은 요절꽃이라 불린 동백의 비극으로 이어지고, 무리한 경쟁이 어떤 불행을 잉태하는지 잘 보여주는 예다.

오늘 만난 숲의 참나무는 신갈나무로 보인다. 가을이 한참이라 도토리도 많이 달렸다. 워낙 참나무 숲이 넓으니 도토리를 딴다면 수천 가마는 너끈할 게다. 스페인 비건들에게 도토리 묵이나 도토리 부침개, 도토리 국수를 소개하면 대박날 텐데….

소나무 또한 동량이 될 처지는 못될 것이다. 참나무와 경쟁하다보면 굵어질 처지가 아니고, 천년 소나무는 커녕 고사하거나 산불에 희생될 가능성이 크다. (스페인 까미노에서 종종 산불 현장을 만난다)

길을 걷다 우리 쪽으로 오는 날씬한 아저씨와 인사를 나누었다. 가벼운 차림으로 봐서 순례꾼이 아니라는 걸 알았다. 부르고스에 살며 일요일에 가벼운 산책을 나왔다는 게다. 이름은 체마(Chema)란다. 그런데 체마가 걷는 방향을 바꾸더니 우리와 동행을 하겠다며 같이 걷는다. 나는 우리에게 친절을 베풀려고(안내하려고)하는 줄 알고 손사래를 치며 부담스럽다는 제스처를 보였다. 그래도 같이 걷겠다고 해서 그렇다면 사양하지 않고 하는 마음으로 나란히 걸었다. 체마는 연신 영어가 부족해서 미안하다고 했다. 뭐 영어는 나도 못하니까… 어쨌든 체마는 스페인어로 나는 영어로 대꾸하며 대화가 겨우 이루어졌다.

우리 아이들이 10살이라고 하니 체마도 10살 아들이 한 명 있다고…. 자기는 부르고스 중심에서 약간 떨어진 곳에 살고 나비둘(Navidul)회사에 다니며, 나비둘은 하몬(햄)제조공장이라 매일 하몬을 먹고 또 먹고 한다는….

나비둘은 일본 및 아시아 국가와 전 세계로 하몬을 수출하는데 한국에서 먹어보지 않았냐고 묻고, 스페인 축구가 유명하지 않냐고 하니까 자기는 축구 좋아하지 않고 걷거나 자전거 타는 운동을 좋아한단다. 강아지 아파서 병원에 데려갔다가 쿠바 출신 수의사랑 결혼했다는 얘기도 한다. 오늘 저녁은 자신의 부모님이 방문해서 가족파티가 있을 예정이라고 수다를 떤다.

조금만 가면 자신의 차가 있다고 하길래 우리를 부르고스까

지 태워줄 수 있냐고 했더니 흔쾌히 OK한다. 그런데 잠시 후에 까미노에서 간단한 간식을 기부를 통해 나눠주는 (사실상 판매하는) 여자가 있는데 자신의 동행자이고 그냥 아는 친구일 뿐이라고 강조한다. 그녀에게 물어보고 태워다 주겠다는 거다. 삶은 달걀, 바나나, 물, 과자를 잘 얻어먹고 적당한 돈을 기부통에 넣었다. 속으로 부르고스까지 편하게 갈 수 있고, 현지인과 얘기도 나누고 차도 얻어타는 것도 좋은 경험이겠다 생각했다.

부르고스에 오늘 들어가면 산티아고 도착하는 데 여유가 생길 수 있다. 쉬면서 기다리고 있으니까 좀 걸어가고 있으면 뒤따라가서 우리를 픽업하겠다고 하길래 그러마 하고 길을 나섰다. 결과적으로 체마를 만나지 못했다. 체마가 우리를 속였다고 생각하지 않았다. 나중에 알베르게에서 만난 한국 청년이 체마가 우리를 애타게 찾더라고 말했다. 체마와 인연이 그 정도였던 것.

부르고스를 19㎞ 남기고 아따푸에르까 마을에서 묵는다. 아따푸에르까는 가장 오래된 유럽 원시인류 유적지다. 유네스코에 등재된 곳이란다. 100만년 전의 인류 어금니 한 개가 발견된 곳이다. 2007년의 일이다. 유적지 소리를 들으니 알타미라가 떠올랐다. 지도에서 검색하니 현재 우리가 있는 곳에서 123㎞ 떨어졌단다. 가봐야 개방한 것도 아니고 우리 루트에서 도저히 닿을 수 없는 곳에 있다. 고대 인류와 동굴벽화에 대해 여러 얘기가 이어질 수 있지만 도저히 여력이 없다. 오늘은 여기까지.

부루고스 10월 28일

8일차

어제 졸려서 하지 못한
이야기를 하나 이어가야겠다. 아타푸에르카는 11세기에 나바라 왕국(지금의 바스크 지역) 쳐들어와서 전투를 벌인 무대다. 아타푸에르카 직전 아헤스(Ages)에 나바라 왕국 가르시아 왕의 무덤 유적이 있다. 11세기는 천년 왕국 나바라의 최전성기였다. 카스티야 왕국의 드넓은 평야를 원했지만 왕이 적진에서 죽는 결과를 낳았다. 승패와 관계 없이 아타푸에르카는 역사 이벤트로 매년 전투를 재현하는 행사를 벌인다고 한다.

알베르게 건너편 건물 벽에 당시 전투 장면이 벽화로 그려져 있다. 말을 탄 기병이 눈을 부릅뜨고 칼을 휘두르며 앞으로 내달리는 그림이다. 시하가 그림을 보더니 물었다.

"선생님, 저 그림은 런던으로 쳐들어가는 장면인가요?"

처음에 질문을 이해하지 못했다. 런던?

그림 속 기병은 런던 버킹엄궁 수문장이 쓸 법한 원통 모양의 검은 털모자를 쓰고 있었다. 모자를 보고 런던을 상상한 것이다. 런던을 생각하니 런던으로 쳐들어가는 전투로 이어진 것이고…. 추론이 단순하고 직관적이지만 배경지식을 최대한 동원한 놀라운 질문이다. 제자의 기특한 질문에 정성껏 대답하는 건 선생의 의무이기에.

"모자가 국적불명, 시대불명인데 천 년 전 이 지역에서 일어난 전투 장면이야. 런던은 알다시피 영국의 제일 큰 도시니까 관련 없어. 아마도 옛날 군인 모자에 대한 고증이 있었나보지. 천 년 전에 스페인은 없어. 스페인이라는 나라가 없었다는 거지. 대신 지금 스페인 땅은 여러 나라가 차지하고 있었지. 프랑스, 독일, 이태리 이런 나라들도 200년 전만 해도 지금의 나라 이름은 아니었지."

"네~ 그런데 군인이 들고 있는 칼 끝이 왜 휘어져있나요?"

"알라딘 영화에 나오는 군인들의 칼하고 비슷하지 않니? 페르시아의 전통 칼은 반달처럼 휘어있지. 그런 칼을 '삼쉬르'라고 해. 사자의 꼬리라는 뜻이야. 영어로는 흔히 시미터라고 불러. 그리고 사브레(sabre)의 원조인 거지. 영어에서 세이버(saber)라고 부르는. 보통 스워드(sword)는 직검을 말해. 삼쉬르는 곡도의 대표적인 이름이지. 더 복잡한 분류가 있지만 반달처럼 휘어진 칼이 곡도고, 페르시아의 삼쉬르가 원조라고 알면 된다."

"직검은 뭐고 곡도는 뭐예요."

태호가 끼어든다.

"'검'과 '도' 모두 칼을 나타내는 한자말이지. 검은 영어 스워드, 도는 세이버 또는 나이프에 해당한다고 보면 돼. 검에는 이미 길고 똑바른 직선이, 도는 짧고 굽은 곡선의 모양을 나타내는 거야. 칼 도자 알지. 글자 모양을 생각해봐."

"그런데 왜 칼을 둥글게 만들죠?"

"전투용 삼쉬르에는 과학이 숨어있어. 칼을 휘둘러 적을 베려면 직검보다는 곡도가 더 유리해. 직검은 멀리 있는 적을 빨리 찌르기 위한 칼이고 곡도는 가까이서 백병전을 치를 때 베기용으로 사용하는 칼이야. 한걸음 앞에 있는 적을 찌르는 건 아주 어색하지. 칼을 휘둘러 베는 동작이 훨씬 유리한 거야. 그런데 칼이 반달처럼 휘면 칼끝이 원운동을 할 때 직검보다 조금이라도 나중에 적의 몸뚱아리와 부딪히기 때문에 더 큰 파워를 얻을 수 있어. 야구 배트를 휘두르거나 골프채로 골프공을 때릴 때도 이런 원리가 작용해."

"뭔 말인가요? 하나도 모르겠어요."

"하나도 모르지만 열심히 들은 걸로 성공한 거다. 일단 두 가지를 알았지. 까미노 함께 걸은 박샘은 만물박사다. 또 하나는 칼이 굽은 건 페르시아가 원조고 베기에 좋게 만든 것이다. 옛날 스페인 사람들은 아랍의 영향을 많이 받았다는 거…. 그리고 더 추가하면 알아야 할 것이 참으로 많구나하는 거…. 무엇보다 너희들이 선생님 말을 일단 들었다는 게 훌륭한 거다. 귀를 기울인 게 아주 훌륭해."

길을 걷다보면 뒤에서 걷는 이들이 모두 우리를 지나서 앞서 간다. 우리의 속도는 어른의 절반 정도도 안 된다. 키가 큰 아저씨가 우리 옆을 지나며 한국 사람이냐고 묻는다. 어제 어떤 이가 한국인 어른 한 명과 꼬마 아이 두 명을 보지 못했냐고 물으며 다니더라고 말한다. 체마를 말하는 거다. 그렇게 대화가 이어지면서 그 아저씨는 발렌시아에 사는 수의사이며 9일 간의 휴가를 얻어 까미노 일부를 걷고 있다는 걸 알았다. 영어를 아주 잘 한다.

"발렌시아 FC에 한국인 선수가 있는데 아시나요? 이강인이라고…. "

"오~ 강인 리~~ 잘 알아요. 아마 19살이죠. 발렌시아 입단은 작년에 했어요. 대단한 선수죠. 그 나이에 그런 노련한 플레이를 하는 선수는 없어요. 발렌시아의 자랑입니다."

막내형 이강인 선수가 유명하긴 하구나….

"어떤 동물을 치료하나요?"

"나는 개, 고양이와 작은 동물들, 뱀이나 이구아나, 햄스터들을 치료해요. 말이나 소 같이 큰 동물은 돌보기 싫어요. 진료실로 들어올 수 없으니까요"

"뱀이요!?"

"하하…. 발렌시아에 꼭 오세요. 멋진 곳입니다. 그리고 발렌시아에서는 꼭 빠에야를 먹어야 해요. 아주 훌륭한 음식이지요."

아타푸에르카와 비야프리아는 가까운 곳인데 그 사이에 구룽이라기엔 높고 산이라기에 낮은 지대를 넘어간다. 이 언덕배기 이전에도 평원이고 이후에도 부르고스와 너머의 지평선이 펼쳐지는 평원이다. 뜬금 없는 긴 언덕이 솟아있다.

여기에 화산재로 보이는 돌들이 집중적으로 쌓여있다. 밭에서 골라낸 돌멩이를 밭 경계로 쌓아놓은 것. 이 돌들이 아타푸에르카에도 없는 것이고, 비야프리아에도 없다. 언덕배기에만 있는 특이한 돌이다. 따라서 뜬금 없는 언덕배기의 기원을 가늠할 수 있다. 과거 화산활동으로 화산재가 쌓였던 지대 위로 새로운 지층이 켜켜이 쌓였다가 습곡에 의한 융기로 아래 지층이 지표로 드러났다는 것으로 추론할 수 있다.

지질학적인 관찰도 가능하겠지만 아이들은 저렇게 넓은 지대를 밭으로 바꾸기 위해 어마어마한 돌멩이를 골라내는 작업이 얼마나 지난한 노동이었을지 가늠하면 된다. 그런데 그렇게 생각하도록 설명하며 "생각해!!" 강요할 수 있나? 아이가 무슨 생각을 하건 알려고 하지도 말고 옆에서, 또는 앞뒤에서 같이 걸으면 된다. 느리게 걸을수록 좋다.

부르고스를 2km 앞두고 태호가 배낭을 내게 맡긴다. 순간 갈등했다. 내가 거절해도 태호는 배낭을 메고 갈 수 있다. 하지만 배낭을 길에 내려놓으며 보호자에게 대신 가져가달라고 요구하는 건 간을 보는 의도적 행위다. 과연 내게 어느 정도 정성을 보여줄 것인지 묻는 것이기에 일단 받아들였다. 태호 배낭을 가슴 쪽에 매달고 걸었다.

부르고스 대성당 가까운 los Lerma 공립 알베르게는 '대박'이다. 새로

만든지 얼마 안 된 알베르게로 디자인이 파격적이다.

알베르게 G층 로비에서 대만인 林根業(린근예)과 만났다. 75년 생으로 작년 일본에서 출발해 한국과 중국, 싱가폴을 거쳐 그리스, 이태리, 프랑스을 지나 현재 스페인 까미노를 자전거로 여행 중이다. 말만 들어도 어마어마하다. 존경스러운 여행자다. 한국에도 여러 날 여행해서 그런지 한글을 읽을 수 있고, 간단한 한국어를 할 줄 안다.

우리 아이들을 보고 매우 예뻐하면서도 결혼과 자식에 대한 질문에 종이에 "負擔(부담)"이라고 써서 보여준다. 이해하지만 인정하지는 못하는 지점이다. 아무쪼록 건강하게 여행을 잘 마무리하길 기원한다. 한국에 다시 오면 연락하라고 전화번호도 주고 서로 페친도 맺었다.

따르다호스 10월 29일

9일차

눈을 떴을 때 이미

7시 하고도 10분이다. 이곳 알베르게는 8시 안으로 나가야 한다. 대부분 공립 알베르게가 아침 8시 전까지 체크아웃 완료해야 한다. 아이들은 아직 자고 있다. 어제 대만의 세계여행자 린근예(林根業)하고 얘기하느라 잠자리 드는 게 좀 늦었다.

서둘지 않으면 망신당할 수 있다. 경험상 아침에 일어나 짐정리하는 데 1시간이 걸린다. 아이들 깨워서 옷 갈아입히고 세 명의 침상 정리와 침낭 개기, 배낭 정리해서 챙기기, 내 얼굴 씻고 옷 갈아입기, 이런 움직임에 많은 시간이 필요하다. 갈수록 요령이 생기긴 하지만 1시간은 염두에 둬야 한다.

역시 B사감 역에 잘 맞을 연세 많은 관리자에게 독촉을 받으며 마지막으로 알베르게를 빠져나왔다. 문 앞에서 비누 빠뜨린 게 생각나 3층 (한국에서는 4층)에 부리나케 올라갔다왔다.

3미터 높이의 알베르게 정문은 잠기고 코앞의 bar에는 알베르게에 묵었던 손님으로 바글바글하다. 그중 프랑스 초로의 아저씨가 있는데, 이 분이 그제 길에서 먼저 "안녕하세요" 인사를 해서 놀랐다. 외국인에게 한국어 안녕 정도는 흔히 듣는 일이지만, 이번엔 발음의 정확성 때문에 놀란 것. 더구나 아이들이 있으니 갑자기 뽀뽀뽀 노래를 불렀다. "아빠가 출근할 때 뽀뽀뽀~" 발음과 음정 박자가 정확하다. 그런데 우리 아이들 반응이 없다. 우리 아이들은 뽀로로는 알아도 뽀뽀뽀는 모른다. ㅋㅋ

이 프랑스 아저씨는 그제 한국 친구에게 배웠다고 말했는데 알고 보니 한국에서 두 달을 비지니스 관련해서 살았다고 한다. "막걸리/소주/맥주"라고 하길래 놀란 표정을 지었더니 "쏘맥!"하고 힘을 줘서 말한다. '폭탄주'를 아느냐고 물으니 그건 모른단다. 어쨌든 프랑스 아저씨도 우리 아이들을 예뻐한다. 내가 하도 강조하니까 아이들이 자주 말한다.

"이 세상 모든 어린 생명은 예쁘다"

두 아이의 걸음이 너무 느리다. 그래도 상관없지만 단순히 느린 게 아니다. 특히 시하의 몸이 둔해졌다. 과연 문제가 될 만 한 나쁜 컨디션인지 살폈다. 본인이 괜찮다고 한다. 800년 전에 지었다는 부르고스 대성당은 스페인 3대 카톨릭 교회 중 하나다. 여기저기서 기념사진을 찍었다.

3시간 반 걸어서 따르다호스 마을에 들어갔다. 다음 알베르게는 11㎞를 더 가야한다. 아이들 컨디션도 고려해서 오늘은 따르다호스에서 묵기로 했다. 1인 12유로로 매우 비싼 알베르게(La casa de Beli)지만 편하게 쉬기 위해서 선택했다. 우리만의 방을 따로 제공했고 방 안에 깔끔한 욕실도 딸려있다.

아이들보다 내가 12시간을 푹 잤다. 시하가 미열이 있지만 큰 걱정거리는 아니라고 봤다. 본인은 몸살이라고 말하지만 단순한 피로누적으로 판단하고 따뜻하게 자도록 했다. 시하는 스스로 저녁을 걸렀다. 태호도 덩달아 저녁 없이 잠들었다. 대신 알베르게에서 3시에 점심을 포식했다.

까스트로헤리스 10월 30일

10일차

오후에 비 온다는 예보에

서둘러 숙소를 떠났다. 여명이 살짝 드리울 정도다. 묵었던 동네는 아침 먹을 만한 곳이 없다. 1시간을 걸었더니 새로운 동네 칼사다스에 들어섰고, 바르가 문을 열었다.

어제 저녁을 안 먹어서 아이들은 비교적 든든하게 아침을 먹는다. 시하가 여전히 컨디션이 나쁘다고 한다. 잠도 잘 잤고, 미열도 없고, 근육통도 없다. 힘이 들 때도 됐다. 체격이 커서 100㎞ 이상 걸은 게 부담이다. 그래서 시하 배낭을 내가 들어주기로 했다. 말이 나오자마자 태호도 자기 배낭을 맡기며 어색한 미소를 짓는다. 미안하긴 한가보다.

작년 5월에 나 혼자 사진 찍은 장소에서 아이들을 세우고 사진 찍었다. 두 사진을 나란히 편집했다. 작년 사진은 폰에 있지 않아서 페북에

서 내려받은 것이고, 사진 몽타주는 모바일 앱 버전 포토샵을 이용했다. 내가 얼리어답터는 아니지만 신기하긴 신기하다. 걸으면서 그런 작업이 모두 가능하다니….

칼사다스에 작년에 없던 대형 벽화가 있다. 밤하늘에 보이는 세 명의 위대한 성인이다. 아이들은 왼쪽 두 사람을 금방 알아본다. 아인슈타인과 간디. 그러나 오른쪽 흑인에 대해서는 아는 바 없다. 마틴 루터킹 목사다. 킹 목사가 위대한 성인인 건 분명하지만 스페인 벽화에 아인슈타인과 간디와 더불어 쓰리샷에 등장하는 건 의외다. 좀 더 생각해보니 유럽인, 아시아인, 아프리카인을 고르게 배치한 의도라고 봤다.

1863년 그러니까 150년도 더 전에 미국 링컨 대통령은 흑인노예해방을 선언했어. 그전에는 아프리카에서 사실상 납치한 흑인들은 법적으로 주인의 재산인 노예로서 인권이 전혀 없고 사고 파는 게 가능했지. 흑인을 사람으로 생각하지 않았다는 말이야. 말하는 짐승일 뿐이었어. 미국은 1863년 이후 법적으로 흑인을 사람으로 대접했지만 현실에서는 전혀 그렇지 못했어. 더구나 1863년은 남북전쟁이 한창이던 시기였어. 남북전쟁은 미국의 내전이야. 미국 남부는 연방에서 탈퇴해서 링컨을 대통령으로 인정하지 않았지. 링컨은 인권주의자로 한국에 알려졌지만 미국 북부를 대표하는 정치가이고 전쟁 전략가야. 더도덜도 아니고 말이야. "40살 이후의 얼굴은 자기가 책임져야 합니다"라는 꽤 유명한 말을 남긴 미국의 150년 전 대통령으로 기억하면 돼. 당시 미국은 유럽이 산업혁명을 완성하고 식민지 개척에 나서면서 엄청난 부자가 되는 걸 보고 부러워했어. 원래 미국이 영국, 프랑스의 식민지였기 때문에 다시 유럽의 부속품으로 전락할까봐 두려웠던 거지. 그래서 링컨은 미국도 유럽처럼 산업혁명을 완성하고 후발 제국주의자로 행세하고 싶었던 거야. 산업혁명이 뭐냐고? 기계를 써서 물품을 빠르게 엄청 많이 생산해서 싼 값에 대량판매하는 걸 말해. 옷도 빨리 그리고 많이 만들고, 곡식도 기계방아로 찧어서 빨리 그리고 많이 밀가루를 생산하고, 목재도 기계톱을 써서 빨리 그리고 많이 생산해서 집도 짓고 교회도 짓고…. 설탕도 빠르게 많이 생산해서 사탕도 만들고 케이크도 만들고, 만든 물건들은 기차로 배로 대량 실어나르는 세상을 말하지.

　결국 세상에 없던 공장이 필요하고, 공장에서 일하는 노동자가 꼭 필요한데 농장 보다는 공장이 많은 미국 북부는 노동자가 부족했어. 링컨은 남부 농장에서 일하는 흑인노예를 공장에서 일하게 하려고 했던 거야. 밀밭이나 목화밭에서 일하는 노예와 공장에서 기계를 다루는 노동자의 일하는 내용과 방법이 다르기 때문에 노예를 공장에서 일하게 할 수 없었어. 또한 노예는 돈이 없어서 물건을 살 수 없으니까 노동자에게 월급을 줘서 물건을 사도록 만들 필요가 있었던 거지. 뭐 더 복잡한 얘기는 다음에 듣기로 하고….

링컨이 노예해방문서에 서명한지 꼭 100년이 지난 1963년에 루터킹 목사는 유명한 연설을 하게 돼. "나는 꿈이 있습니다"로 시작하는 아주 유명한 연설이야. 루터킹 목사의 꿈은 무엇이었을까? 바로 흑인도 인간다운 삶을 살고 싶다는 내용이었어. 100년이 지나도록 노예는 아니지만 흑인으로 태어난 사람들의 삶이 피폐한 건 마찬가지였어.

20세기 들어와 미국이 1차세계대전에 슬쩍 한발을 걸치고, 2차세계대전에 주도적으로 참전해서 승전국의 대표가 되고 곧이어 1950년 한국전쟁에 참가할 수 있었던 건 대부분 흑인을 군인으로 사용해서야. 당시 흑인들은 책을 읽을 수 없었어. 일부러 교육하지 않았기 때문이야. 흑인이라고 머리가 나쁘거나 학습에 뒤질 이유는 전혀 없어. 하지만 흑인이 학교에서 교육을 받거나 특히 대학에 진학하는 일은 아주 드물었어. 흑인은 아예 입학 자격을 주지도 않았어. 흑인이 선거권을 가진 건 1965년에 이르러서야.

그러니 1963년 루터킹 목사의 연설은 많은 흑인들에게 희망과 용기를 줬어. 바로 싸우겠다는 용기와 나도 백인과 다르지 않은 인권을 가진 사람으로 살 수 있다는 희망이지. 때론 희망을 갖는 것만으로 목숨을 걸어야 할 때가 있어. 지금도 어떤 면에서는 마찬가지야. 마틴 루터킹 목사는 1968년 백인우월주의자에게 암살 당해. 전 세계는 충격을 받아. 루터킹 목사는 40살도 안 돼 죽었지만, 루터킹 목사가 죽어서 미국 흑인의 인권은 더욱 보장되는 변화가 일어나. 그래서 루터킹 목사가 살았을 때 노벨 평화상을 받은 거야. 왜 벽화에 루터킹 목사가 그려져 있는지 알겠지.

태호는 카스트로헤르스의 알베르게에 들어와서 지금까지 보지 못한 행동을 한다. 우리가 알베르게에 두 번째 도착 손님이다. 우리 이후로 줄줄이 순례꾼들이 들어왔다. 이 동네 유일한 공립 알베르게이기에 많지 않은 숫자의 침상은 대부분 찼다. 나는 밀린 일기를 더 이상 미룰 수 없어서 침상 옆 의자에서 열심히 엄지를 움직이고 있었다. 3시간이 훌쩍 지났나보더라. 시하는 도착하면서 계속 침상에 누워 있었다.

태호가 아까부터 보이지 않아서 찾아나섰다. 좁은 로비에 여러 나라의 순례꾼이 정담을 나누고 있다. 역시 가장 많은 순례꾼은 한국 사람이다. 한국 순례꾼 뿐만 아니라 알베르게에 들어온 모든 사람들에게 관심과 사랑을 받는 태호가 있었다. 낯선 사람, 특히 외국인이라면 가까이 가지 않았던 태호였다. "올라" "그라시아스"를 연발하며 이 테이블 저 테이블을 다니며 끼어드는 태호를 봤다.

한국 20대 청년에게는 자신을 마켓에 데려다 달라고 부탁도 한다. 자신이 사온 푸딩과 형들이 사온 중국 컵라면을 바꿔 먹기도…. 태호는 중국 컵라면은 근처도 가지 않았던 녀석이다. 풍미가 한국 제품과 다르다는 이유로.

알베르게에 비치된 카드로 형들과 카드놀이를 하더니, 외국인과 짝을 이뤄 걷는 한국인 누나에게 카드놀이 하자고 조른다. 태호의 이 모든 장면은 처음 보는 것이다. 낯선 사람에게 다가가 용건을 말하고, 부탁하고, 제안한다? 지금까지는 있을 수 없는 일이다.

"쟤가 태호 맞아?"

태호가 그동안 한가한 알베르게를 싫어했다. 사람 북적이는 알베르게로 가자고 몇 번 졸랐다. 이유를 이제야 알겠네⋯.

사람의 아이덴티티는 특정 개인이 만들지 않는다는 주장을 다시 한 번 확인한다. 누구와 함께 있느냐에 따라 아이덴티티는 그때 그때 다르다. 어찌 보면 중국 전통 변검술처럼 다양한 아이덴티티를 가지고 있다가 장소와 분위기에 맞는 놈으로 뽑아서 자신의 아이덴티티를 제시한다고 봐야한다. 그러니 내가 너이고 네가 나라는 말이 성립한다.

시하는 저녁 먹을 때부터 기운을 차렸다. 달리 먹을 식당이 없어서 알베르게에 준비된 재료로 토마토 스파게티를 만들어 먹였다. 아침에 10km를 걷고 오르니요스에서 점심을 먹었다. 시하가 더 이상 걸을 힘이 없다고 해서 고민하다가 택시를 불러 카스트로헤리스로 이동했다. 이틀 동안 10km씩만 걸어서 부족한 거리를 만회했다.

점점 늦추면 예정된 날짜에 산티아고에 들어가지 못하는 아쉬움이 생기기 때문이다. 하지만 또 택시를 이용하는 일은 없어야 한다. 택시비가 비싸다. 한국의 두 배 이상이다.

보아디야델카미노
10월 31일
11 일차

부르고스에서 레온까지

200km 길은 메세나 고원지역으로 거의 평지인데다 나무가 없고 끝없는 초원이 펼쳐진다. 여름과 겨울에 너무 덥거나 추워서 순례자들은 지루하게 느껴서 기차를 타고 점프하는 경우도 있다. 우리 아이들은 어떨까….

일단 비교할 기준이 없어서 아이들은 특별함을 느낄 수 없다. 지평선을 볼 수 없는 한국의 지리적 특성을 경험하지 않았기에 초원이 하늘과 닿는 뷰를 신기하게 생각하지 못한다. 지금은 걷기에 딱 알맞은 온도와 기후를 보여서 특별히 힘든 조건도 아니다. 사실 태즈매니아의 초원을 질리도록 보고 살아서 스페인의 메세나 초원은 거칠고 정돈되지 않은 느낌이다. 그렇다고 아이들이 혼자만의 생각할 수 있는 시간을 갈망하는 것도 아니다.

두 아이는 그저 빨리 시간이 지나서 숙소에 들어가는 것, 더 시간이 지나서 마드리드에 가서 한식을 먹는 것, 그리고 호주로 돌아가는 것을 원하고 있다.

그럼 이 지루한 길을 걷는 건 어떤 의미가 있을까. 의미는 언제나 사후적으로 따라온다. '의미있다' 또는 '의미없다'를 행위 이전에 관념적으로 가늠한다는 건 착각이다. 한국사회, 특히 한국의 교실은 이런 착각을 증폭시키고 주입한 죄가 있다. 아무도 자기의 죄에 대해 인식하지 못하지만 말이다.

"이건 왜 하는 거죠? 어떤 의미가 있나요?"

"지금 네가 하는 건 나중에 네가 행복하게 살 수 있도록 만들어주는 의미가 있어"

주동자와 피동자 사이에 위 대화가 무한반복하며 한국인은 어린 아이에서 성인으로 자란다. 사실은 반대가 맞다. 위 대화를 무한반복할 때 후자의 말을 뱉는 이가 주동자의 지위를 확보하고 전자의 말을 발화하는 자가 피동적인 위치에 선다.

다시 말해 행위 이전에 의미를 찾는 이가 삶을 주도적으로 살 수 없다. 자신이 의미를 이해했을 때만 미션을 수행하겠다는 자세는 매우 소극적이고, 숙제를 회피하고 싶은 심리의 반영이다. 미션은 언제나 내 앞에 있다. 문화라는 사회의 패턴 속에 살고 있기 때문이다. 마치 새로운 삶의 패턴을 자신이 개척할 수 있다는 주장과 가르침은 유감스러운 거짓이다.

아이들 앞에 길이 놓였다. 부모와 선생에 의해 강제로 놓였다. 거꾸로 갈 수도 없다. 벗어날 수도 없다. 일단 종착지로 가야한다. 힘들게 자신의 발로, 어깨에 부담스러운 배낭을 메고 가야한다. 도착하고 나서 의미는 스스로 형성할 수 있다.(구성할 수 있다) 그리고 나서야 자신만의 새로운 패턴을 구상할 수 있다.

'오늘도 시간이 빨랑 지나서 하루를 끝내고 싶다'는 생각만 반복하는 건 아주 좋은 일이다.

오늘 아이들은 좋은 컨디션으로 9시간을 걸었다(휴식과 식사 시간 포함) 까미노를 걷는 어른들 속도와 비교할 수 없이 느리지만, 그렇기 때문에 아이들은 걷기와 먹기와 자기만으로 하루를 구성한다. 2시 이전에 숙소에 도착하고 씻고 빨래하고 숙소 주변 마을 돌아보면서 블로그에 일기 쓰고... 이런 어른들과 달리 길에서 9~10시간을 보내는 우리 아이들의 까미노 생활이 아이들에게 더 적합하다. 덕분에 인솔하는 가디언으로서 내 여유는 없지만 말이다.

오늘도 다양한 외국인들과 조우한다. 한 프랑스 중년 여성은 프랑스 중부 지역부터(이름을 들었는데 기억 못함) 걸었단다. 그리고 내게 묻는다. 왜 까미노에 한국인이 많나요? 저는 놀라운 일이에요. 뭐라고 대답해야지?

"프랑스 노란조끼 투쟁처럼 한국도 부당한 차별에 대한 저항이 있고, 그 정도가 심해요. 그로인한 마음의 상처가 큽니다. 스페인 까미노를 걸으면 상처가 치유된다는 소문이 났어요"

이 말을 최대한 아는 영어 단어를 동원해서 말했는데 얼마나 전달됐는지 모르겠다. 듣는 이는 알았다는 듯 고개를 끄덕였다.

30 전후로 보이는 스페인 청년은 이름이 마리오라고 했다. 핸섬하고 얼굴 전체에 수염이 덥수룩한데 마리오라고 하니 이탈리아인하고 물었더니 스페인 사람이고 마드리드에 산다고…. 런던에서 가드닝 노동자로 살았고 최근에는 멕시코 식당 주방에서 일했는데, 다음 직업을 구하는 사이 까미노를 걷게 됐다고 한다. 그러더니 "너는 왜 아이들과 이 길을 걷느냐?"고 묻는다. 걷는 게 테라피라고 했더니 공감한다는 표정을 짓는다. 검은 피부의 이태리 청년은 만났다가 헤어졌다가 만나길 반복했는데 늘 괜찮냐고 안부를 묻는다. 내가 아닌 아이들의 안부에 대해서 걱정한다. 상대의 안부를 살피는 게 몸에 밴 느낌이다.

　엊그제 만난 독일 커플을 빼놓을 수 없다. 둘은 텐트와 우쿨렐레를 지고 다닌다. 이들도 만났다가 헤어졌다가 만나길 여러 번 했다. 언제나 텐트에서 자고 알베르게를 이용하지 않는다. 춥지 않다고 말한다. 여자는 우리 일바지(몸뻬)같은 넉넉한 꽃무늬 바지를 입고 다닌다. 독일 남부 슈투트가르트에서 둘 다 간호사로 일했고, 일을 그만 두었다고 한다. 돈벌이에서 멀어지겠다고 결심하고 까미노를 걷고 있다고…. 산티아고 도착 후 독일로 돌아가면 새로운 직업을 찾을 생각인데 돈을 모으지 말자고 합의했단다. 젊은 친구들인데 한국전쟁과 한반도 상황을 잘 알고 있었다. 나와 모든 한국사람들은 평화를 원하지만 트럼프, 아베, 시진핑, 푸틴은 그렇지 않은 것 같아 유감이라고 순하게 표현했다. 크게 공감하더라.

　세 대학동기가 함께 까미노를 걷는 한국 청년과 짧게 얘기했다. 이들은 우리 아이들 이름도 알고 알베르게에서 시하, 태호에게 친절을 베푼 친구들이다. 같은 대학에서 만난 친구인데 한 사람은 국문과, 두 사람은 호텔경영 전공이었단다. 자신들을 백수라고 소개하길래 나는 늙었고 아이들과 지내는 게 힘에 부치지만 매우 중요한 작업이라 후계자를 찾고 있으니, 매력을 느낀다면 연락하라고 농담 분위기로 말했다. 페북 친구가 되면 좋겠다고 하니 자신들은 인스타그램만 한단다. 어쩐지 페북 사용 연령이 매우 높더라니… 이제 인스타 안 하면 인싸가 되긴 어렵겠구나…. 는 걸 확인.

보아디야 작은 마을에 들어와서 약간의 해프닝이…. 아이들이 종종 나를 먼저 가라고 말하고, 자신들만의 할 얘기가 있다고 한다. 외길이라 먼저 마을에 들어와 조그마한 중앙광장에 앉아 기다리는데 30분이 지나도 오지 않는다. 이상하다 생각하고 있는데 시하가 나타났다. 조금 길을 헤맸단다. 헤맬 길이 아닌데….

문제는 태호가 없어졌다는 것. 시하도 모르겠다고…. 자전거를 탄 세 중년 여성에게 꼬마 남자 아이 봤냐고 물으니 못 봤다고 한다. 순간 작년 제주도 곶자왈 실종 사건이 떠올라 벌떡 일어났다. 온 길을 거꾸로 걸어가다보니 자전거 탄 여성 한 분이 날 찾아왔다. 아이 찾았다고…. 태호가 다음 마을로 계속 걸어가고 있었던 것.

아이를 믿으면 안 된다. 작년에 교훈을 얻었음에도 불구하고 또 실수를…. 이제 놓치지 않을 거예요!!!

좀 특이한 알베르게에 들어왔다. 가족이냐고 묻더니 우리 세 명만 묵는 별도의 방을 준다. 방에 들어오고부터 내 컨디션이 급속하게 나빠졌다. 점심 먹은 게 좋지 않다. 아이들 먹지 않은 음식을 싹쓸이 먹어치운 게 잘못인 듯. 알베르게에서 저녁만찬을 준비해서 순례자 전부가 모여서 함께 먹는 분위기다.

이런 알베르게는 처음이다. 먹겠냐고 우리에게 묻지도 않았다. 아이들만 식당으로 보내고 나는 누워있다가 잠이 들었다. 아이들이 입이 귀에 걸린 채 방에 돌아왔다. 너무너무 잘 먹었고 최고의 음식이었다나…. 다음에 이 집 또 오자고 한다. 다행이다. 스페인 음식 형편없다고 늘 불만이었는데 현지 음식의 매력을 한번이라도 느꼈으니 말이다. 나는 완전 회복됐다.

12일차

비야르멘테로 11월 1일

페북을 뒤져보니

2018년 5월에 같은 마을(보아디야) 다른 알베르게에서 묵고 까리온까지 24㎞ 걸었더라. 작년 카미노 걷기 중 최대 거리를 걸은 것. 오늘도 중간에 끊기 애매해서 까리온까지 걸으려고 했지만 소나기를 만나는 바람에 의욕이 꺾였다. 판초를 뒤집어썼지만 바지와 운동화는 대책 없이 젖는다. 판초를 쓴 채로 걷기는 더욱 속도를 떨어뜨려 작은 마을(레벤가)에 들어서 알베르게를 찾으니 이 마을엔 알베르게가 없단다. 30분을 더 가서 비야르멘테로 초입에 있는 알베르게를 보고 무조건 들어갔다.

　할아버지와 할머니가 운영하는 소박한 알베르게는 당나귀, 닭, 양을 키우는 농장을 끼고 있다. 할머니는 도대체 왜 이렇게 한국사람이 까미노에 많은 거냐고 신기하다며 웃는다. 할아버지는 알베르게 등록을 마치고 주섬주섬 장작을 주어와서 벽난로에 불을 지폈다. 적당히 지저분하고 적당히 정돈된 부엌 및 로비에 빛바랜 빈티지 소파가 편안하다. 여기라면 한 달은 머물면서 읽고 쓰고 하고 싶다.

아이들도 농장의 동물 때문에 좋아한다. 3시도 안 된 시간에 들어와서 우리 셋 만 있다. 나중에 잉글랜드에서 왔다는 여성 한 명, 라트비아에서 온 청년 한 명이 하루 식구가 됐다.

보아디야에서 프로미스타까지 걷는 길은 운하와 함께 한다. 이름하여 카스티야 운하인데, 산티아고 까미노에서는 우리가 걸은 짧은 구간에서만 만난다. 이파리 절반은 노랗고 절반은 푸른 미루나무와 플라타너스가 길을 따라 함께 걷는다.

카스티야 운하는 300년 전에 공사를 시작해서 200년 전에 공사를 중단했다. 증기기관이 발명되기 이전 스페인이 부국강병의 부활을 꿈꾸며 야심차게 시작했지만 철도가 상용화되면서 운하의 역할은 사라져 버렸다. 우리가 걸은 코스의 구간은 유람선이 다니나 보더라. (우리는 정박된 소박한 유람선만 보았다)

운하라고 하니 자동으로 이명박표 한반도 대운하가 생각났다. 4대강 개발 명목으로 얼마나 강물이 오염됐는지 모른다. 서울~부산 자전거길을 달리면서 생생히 목격했다. 너무 어이가 없어 욕도 안 나온다. 300년 전 스페인에도 mb 같은 참모가 있었나보다. 폭이 20미터도 안 되는 운하를 물류의 중심이랄 수 있겠는가. 주변 거대한 곡창지대에 농업용수를 공급하는 용도로 남아있을 뿐이다.

아이들은 불만 없이 걷고 또 걷는다.

어제 알베르게에서 맛난 저녁을 먹고 감격한 아이들은 하루만에 최고의 알베르게를 갈아치웠다. 오늘 들어간 알베르게도 디너를 원하면 10유로에 제공했다. 작은 마을에 마트도 없어서 디너를 먹겠다고 하고 30유로를 미리 냈다.

10유로라는 식사비는 결코 적은 비용이 아니지만 나도 아이들도 크게 만족했다. 할아버지가 직접 만든 파에야와 두 가지 수프는 환상이다. 감자를 주원료로 만든 수프는 맵지 않은 김치찌개 맛이고, 렌틸콩 가득한 수프는 퀴퀴한 냄새 없는 청국장찌개였다.

스페인의 소울푸드 파에야는 지역마다, 집집마다, 계절마다 레시피가 다르다는데, 한국 쌀과 분명 다른 식감이지만 거부감이 없었다. 잉글랜드 여성은 스스로 파스타를 만들어 먹어서 얘기할 기회가 없었고, 라

트비아에서 왔다는 청년은 함께 디너를 먹었기에 페친까지 맺었다. 발트해 연안에 에스토니아와 리투아니아 사이에 낀 작은 나라 라트비아는 국토 대부분이 숲이란다. 이 친구는 수도 리가에서 관광가이드로 일한다고 해서 리가에서 다시 만나자고 흰소리를 쳤다. 그런 일이 있을까?

200만 인구에 불과한 라트비아는 이웃한 에스토니아, 리투아니아와 전혀 다른 언어를 쓴다고 하더라. 동아시아 3국 한국 중국 일본도 마찬가지라고 말해줬다. 라트비아 젊은이는 일자리 찾아서 영국이나 독일에 나가는 일이 흔하다는 얘기도 들려준다. '발트3국 가? 말아?' 아이들에게 물었다.

"라트비아 여행갈까?"

예상한 답이 돌아왔다.

"와인에 취하셨나요?"

요놈들…. 센스쟁이~ 스페인 디너에 와인이 빠지는 법은 없다. (팩소주처럼 팩와인도 있다. 500밀리 1유로 실화냐)

두 아이 얼굴이 많이 탔다. 선크림을 가져왔지만 일부러 발라주지 않

았다. 한여름도 아니고 심하게 그을리는 것이 아니기에 적당히 탄 붉은 갈색 얼굴을 원했다.

두 아이는 내가 볼 때 그동안 부모의 사랑 속에 온실의 화초 같이 자랐다. 똑똑하기는 남부럽지 않지만 낯선 환경에 두려움이 크고 생활머리는 많이 아쉽다. 환경에 자신을 적응하도록 조율하는 경험이 없었던 것. 그런 점에서 호주에서보다 짧은 스페인 걷기에서 많은 변화와 성장을 보인다.

한 달 이상 스페인 까미노 걷기를 추천한다. 부모 자식이 아닌 이모 고모와 같이 걷거나, 서로 다른 집 자식을 맡아서 걷는 게 좋다. 부모와 같이 걸으면 더 큰 원수가 돼서 집에 돌아갈 가능성이 크다. 총 인원 4명이 최대한이다. 단체로 걷지 말 것을 충고한다. 어른이라면 혼자 걸으라고 말해주고 싶다. 물론 나는 남의 아이 둘과 걷고 있지만.

13일차 까리온 11월 2일

까리온은 비교적 큰 타운이다.

카미노에서 로그로뇨, 부르고스, 레온, 산티아고를 빼면 까리온이 제일 큰 타운이다. 알베르게도 여러 곳이다. 식당도 여럿이고 순례자를 위한 물품 가게도 있고 은행도, 버스터미널도 있다. 현지인의 삶도 활발하다. 작년 5월에 1인 5유로 가격의 공립 알베르게 '영혼의 집(Espíritu Santo)'에 머물렀다. 아주 마음에 드는…. 영혼의 집 이름이 무색하지 않은 훌륭한 알베르게다. 어제 같진 않아도 오늘도 걷는 도중에 소나기를 만났다. 4시간 만 걷고 까리온에 들어와 알베르게를 찾아 들어가기로 했다. 나는 당연히 영혼의 집으로 향했고, "무척 깔끔한 알베르게인데 좀 엄숙한 분위기지" 무심코 말했다. 그랬더니 시하가 강하게 반대한다. 엄숙한 분위기 싫단다. 마음대로 얘기할 수도 없는 알베르게 가고 싶지 않다고….

다른 알베르게에 들어갔다. 옛 수도원을 알베르게로 사용하는 산타클라라 수도원 알베르게다. 출입문부터 수도원이 주는 중압감이 장난이 아니다. 높고 육중한 문에 거대한 화강암 큐브를 쌓은 건물이 5층 높이 쯤 여겨진다.(실제는 2층) 그래서 그런지 알베르게 사용자가 없다. 우리를 맞이하고 등록하는 분은 딱 "나 수사"라고 이마에 써진 분이다. 분위기가 그렇다. 표정이 굳고 도수 높은 안경에 작은 키와 두꺼운 가슴, 정수리에 숱이 없고, 높낮이가 없는 영어를 구사한다.

반전이 있다. 싱글 침대 3개만 놓인 별도의 방을 줬고, 세탁기와 건조기가 완벽하며, 부엌도 편리하다. 화장실과 샤워시설도 평균 이상이다. 우리 말고 프랑스 아저씨 한 분, 국적불명의 여성 한 분만 묵었다. 결론은 알베르게를 아주 잘 선택했다는 것. 우리 아이들 입장에서는 심심할 수 있겠지만, 대신 까리온 다운타운을 속속들이 돌아다니고 슈퍼마켓을 네 번 다녀왔다.

아침에 숙소에서 나와 두 시간이 지났을 즈음 소나기를 만났다. 나는 아이들보다 300미터 쯤 앞에 있었고, 5분 거리 앞에 커다란 성당과 마을이 보여서 비를 맞으며 걸었다. 비야르사르데시르가(마을 이름이 좀 길다) 마을 호텔 출입구 캐노피에서 비를 피하고 있는데 빗줄기가 점점 굵어진다. 과연 아이들은 자기 판초를 쓰고 올 것인가, 그냥 비를 맞으며 올 것인가 스스로에게 내기를 걸었다. 바람이야 판초를 쓰고 오기를 기대하지만 혼자 판초를 쓰기에 불편함이 있어서 그냥 비를 맞고 올 것으로 예상했다. 그러나! 각자 판초를 쓰고 나타난다. 오~ 서로 판초를 쓰도록 도왔겠구나 감동했는데, 시하 왈, "그냥 제가 판초를 꺼내 입었는데요. 하나도 어렵지 않았어요" 한다. 50미터 쯤 뒤에 태호가 나타났다. 판초를 꺼내 입느라 조금 늦은 것. 판초를 입었지만 얼굴은 그대로 노출된 상태다. 왜 모자를 쓰지 않았냐고 하니까 모자를 찾지 못했다고 대답한다. 판초 앞뒤를 거꾸로 입어서 굳이 모자를 쓰면 얼굴 전면을 가리게 된 것. 급한 마음에 뒤집어쓰긴 했는데 시하는 먼저 출발하고, 모자를 쓸 수 없지만 정돈할 새 없이 머리는 비를 맞고 걸어온 것이다. 이 지점에서 잔소리를 할까 하다가 참고 거두었다.

시하에게는 태호 판초 입는 걸 도와주지 그랬냐고 말하려고 했고, 태호에게는 도와달라고 요청하지 않은 건 아쉬운 일이라고 말하고 싶었다. 아쉽다고 했는데, 옆 사람 도와주는 행동의 변화보다 도와달라는 요청 하는 게 더욱 어렵고 아쉬운 점이다. 잘난 척 하기 위함이나 스스로 위안을 삼기 위한 친절의 시혜는 어렵지 않다. 하지만 도와달라는 요청은 쉽지 않다. 도움 요청이 약자 또는 결핍의 상징처럼 여겨지기 때문이다. 흔히 자존심과 연결된다고 생각한다.

시하나 태호 둘 다 도와달라는 말을 못하고 그야말로 똥 마려운 강아지 마냥 나를 쳐다보는 일이 대부분이다. 내 표정을 니가 살펴서 적절하게 아쉬운 부분을 메워 달라는 무언극을 하기 마련이다. 참으로 아쉬운 지점이다. 아이들끼리 도와달라고 요청하면 관용구처럼 뒤따르는 말이 있다. "그럼 넌 내게 뭘 해줄 건데?" 그러니 '아니꼽고 더러워서…' 정서를 아이들에게 전달했다. 누가? 어른들이 그랬다. 대가 없는 친절은 촌스럽거나 바보짓이란 정서가 이미 우리들 사이에 고정됐다. 이건 복잡한 문제라 잔소리로 극복할 수 없어서 그냥 넘어가기로 한 거다. 판초를 입은 것만 칭찬했다.

이보다 약간 앞서 판초와 관련된 에피소드가 이미 있다. 1시간 전에 비를 만났고, 더 이상 그냥 걸을 수 없어서 아이들 판초를 차례로 입혔다. 아이들은 종종걸음으로 앞서 갔고 내 판초를 꺼내서 입는데, 등 뒤 배낭을 판초가 덮도록 나혼자 처리할 수가 없었다. 급히 아이들 뒤를 쫓아 눈치 빠른 시하에게 내 판초가 배낭 위로 넘어가도록 해달라고 부탁했다. 시하는 재빠르게 처리했다. 고맙다는 말 다음으로 나는 무심코 한마디했다. "아유…. 소나기는 귀찮아. 불편하기 짝이 없구만…."

그 말에 시하가 역시 무심코 받았다. "그러길래 왜 이런 고생을 만드셨어요!" 그런데 아무런 말도 아닌 시하 대답에 뭔가 울컥 목구멍으로 올라오는 거다. 시하는 늘 하던 말이고, 격의 없이 선생과 농담 따먹기 수준에서 한 말이란 걸 잘 알지만, 당장 판초를 찢어버리고 싶은 충동이 들었다. "왜 이런 고생을~" 그 한마디가 내 안에서 자가발전하면서 순간적으로 인생 전체를 뒤흔드는 강렬한 느낌이다.

초등 5학년 때 성인이 된 형을 따라 태릉실내수영장에 갔다가 1.6미터 수심에 순간적인 죽음을 느낀 적이 있었다. 일반인에게 개방하는 시간은 출발선 쪽에 발판을 마련해서 작은 키 어린이도 풀에 들어갈 수 있게 했다. 나는 실수로 발판을 벗어났고 얼굴이 물 밖으로 나오지 못했다. 발버둥을 쳐도 물속이었다. 그 짧은 순간에 지난 모든 날이 머릿속을 지나갔다. 바로 이번에 같은 느낌이 들었다. 기억하는 내 인생 50년이 1초 만에 스캔되는 느낌…. 왜 이런 고생을 하게 된 건지 인과와 맥락을 헤아리는데 순식간만 필요했다.

"야! 너! 또 그 소리!" 크게 화내는 톤으로 외마디를 질렀지만 구질구질하게 이어지는 말이 없어서 내 복잡한 마음은 시하에게 전달되지 않았다.

그러게 말이다. 내가 왜 이 고생을 하고 있는 게냐~ 그런데 웃긴 결말은 지난 짧지 않은 생이 지금 두 아이의 가디언이 되기 위함이었다는 게 잠시 후에 증명된다.

그러다 비가 그쳤고, 아이들이 스스로 거추장스러운 판초를 벗길래 툴툴 털어 케이스에 넣어 각자 배낭 망사주머니에 넣어줬다. 혼자 감정에 나는 빠르게 걸었고 다시 소나기가 내렸던 것이다.

비야르사르데시르가 바르(bar)에 들어갔다. 폰을 꺼내 아이들을 찍으려니까 렌즈에 습기가 차서 사진이 뿌옇다. 비가 오면서 기온이 많이 내려갔다. 옷도 부분적으로 젖어서 바르에서 시간을 보내다가 천천히 움직이기로 했다. 까리온까지 얼마 남지 않았기 때문이기도….

바르의 TV에서 오락 프로그램이 나오고 있었고, 아이들은 재밌다고 시청한다. 나는 커피를 한 잔 더 시켜 마시고 있는데, 시하가 묻는다. "저거 뭔 프로그램인가요?"

보니까 딱 〈1대100〉이다. "응 〈1대100〉 퀴즈 프로를 스페인도 하는구나. 원래 네덜란드 오리지널 프로그램인데 판권을 KBS가 사서 우리도 제작하고 있어"

퀴즈라면 태호도 관심이 많다. "저거 퀴즈예요? 근데 왜 〈1대100〉이에요?" 태호가 물었고, 시하는 한번도 본 적 없는데 한국에서도 하냐고 말을 이었다.

하…. 엊그제 삼쉬르(페르시아 전통 전투용 칼)에 대한 설명도 예전에 어떤 계기로 칼에 대해 조사 발표할 일이 있었기 때문에(정확하게 말하면 일산 그랜드백화점 학부모 상대 강연 준비 때문에) 잘 알고 있던 분야였다. 하필 삼쉬르에 대한 질문을 하니까 설명할 수 있었다. 더 들어가면 한도끝도 없지만 핵심만 간추려서 말할 수 있었던 건 우연한 내 경험 때문이다.

〈1대100〉 퀴즈 프로그램도 마찬가지다. 12년 전에 내가 '1인'으로 출연하고 방송된 일이 있었다. 당시 대안학교 씨앗돈을 만들려고 출연했던 것. 100인의 패널과 대결해서 모두 이기면 1인에게 5천만 원의 상금을 준다고 해서…. 나는 8단계에서 틀렸고, 100인 중 살아남은 5명 중에 4명이 틀린 답을 눌러서 유일한 생존자 26살 여성이 상금 1400만원을 탔다. 5명과 마주했을 때 내가 5천만 원을 따 놓은 당상이라고 생각했다. 나에게는 찬스가 남아있었기 때문이다. 결과적으로 마지막이 된 문제는 내 전문 영역(분필에 대한 문제)이라서 찬스를 쓸 필요도 없었다. 하지만 나는 탈락했다. 나에게 돌아온 건 30만원의 출연료였지만 속상한 마음에 불우이웃성금으로 전액 기탁한다고 했다. (선량한 동기가 아니었다)

그러니 나보다 <1대100> 퀴즈 프로를 더 잘 설명할 사람은 없다. 네덜란드 판권문제는 복면가왕의 전 세계 판권수출과 이어지고, 콘텐츠가 어떻게 돈벌이가 되는지로, 12년 전 출연 당시 사진 검색으로, 43회 <1대100> 문제풀기로 마구 전개됐다. 아이들은 기출문제 풀기에 환호했다. 내가 8단계에서 떨어졌지만 아이들은 1단계부터 8단계까지 모두 정답을 맞췄고, 나는 매우 놀라워하면서 너희들은 상금 5천만 원을 받을 자격이 있다고 말했다. 아이들은 이미 각자 주머니에 2500만 씩 들어와서 마음이 아주 부자가 됐다.

<1대100>은 보기 세 가지 중에 정답을 고르는 것이기에 내가 무언의 힌트를 줘서 점점 어려워지는 8문제를 모두 맞추도록 할 수 있다. 아이들이 환호작약하고 의기양양해 하면서 다음 문제를 내달라고 하길래 다른 기출문제 1단계를 제시했다. 그리고 아무런 표정의 변화도 없고 아무런 사운드도 내지 않았다. "다음 중 아마추어무선사를 부르는 용어는?" (1) 밥(bob) (2) 콩(kong) (3) 햄(ham) 아이들은 각각 1번과 2번을 선택했다. 그런 거다. 눈썹의 미세한 움직임만으로 아이들이 정답을 맞출 수 있게 할 수 있다. 아이들은 자신도 모르게 본능적으로 교사의 마음을 읽을 수 있기 때문이다.

산티아고 까미노를 걸으면서 열심히 일기를 쓰는 건 독자를 염두에 둔 것이 아니라 우리 아이들에 대한 서비스라고 생각한다. 10년이 지나고 20년이 지나고 50년이 지나도 읽으면 힘이 되도록 쓴다.

내가 〈1대100〉에 출연했을 때 제시된 문제 세 개를 나열할테니 재미로 풀어보시라.

Q. 3단계 (96명 생존) 쥐와 코끼리의 크기가 다른 이유는?
① 세포 수의 차이 ② 세포 크기의 차이
③ 세포 밀집도의 차이

Q. 4단계 (51명 생존) 주재료가 돌이 아닌 것은?
① 이스터섬의 모아이상 ② 경주 불국사의 다보탑
③ 뉴욕의 자유의 여신상

Q. 6단계 (14명 생존) 파운드케이크란 이름의 유래는?
① 가격이 1파운드이다 ② 만든 사람 이름이다
③ 재료가 1파운드씩 들어간다

정답 : 3단계 ① 4단계 ③ 6단계 ③

칼사디야 11월 3일 14일차

"<바람불어 좋은 날>이란 영화가 있었지"

오늘 걷는 내내 바람이 심해서 그냥 툭 던지듯이 말했다. 왜 바람은 항상 맞바람이지? 뒷바람은 기억에 없다. 뒷바람 같은 공짜 도움은 없는 인생이다. 뒷바람이면 걷기에 얼마나 편하겠는가. 심한 바람으로 앞으로 전진이 어렵다.

무료한 걷기의 연속이라 금방 반응이 온다. "<바람불어 좋은 날>이 영화예요? 어떤 영환데요?"

"그냥 그런 영화가 있어. 너희는 이해하기도 어려운 옛날 영화지"

까리온을 벗어나 시골길에 들어서니 메세나 지형의 전형을 보여준다. 그냥 끝없는 밭이다. 밭이 지평선을 보여준다. 밭 가운데로 까미노가 나

있다. 그렇게 4시간을 걸었다. 중간에 두번 10분 정도 쉬었다. 4시간 내내 맞바람을 맞느라 고개를 숙이고 몸을 앞으로 밀며 걸었다. 어른들보다 속도는 느리지만 꾸준히 걸으니까 마법처럼 마을이 나타났다. 길이 이어지다가 살짝 내리막이 생기면서 마을이 아래에 있기 때문에 걷는 입장에서는 갑자기 '짠'하고 마을이 보이는 거다.

작년에도 지루한 긴 길을 걷다가 지칠대로 지친 상태에서 만난 마을이 반가워 바로 알베르게에 들어갔다. 오늘도 마찬가지. 그래서 칼사디야 공립 알베르게에서 묵고 간다.

2시도 안 돼서 숙소에 들어왔기 때문에 자판기에서 컵라면(중국제)과 전자렌지용 파에야를 꺼내서 점심을 해결한 후에 시간이 많았다. 숙소에 들어오니 비가 살짝 내려서 바깥 활동도 어렵다. 아이들은 놀아달라는 사인을 계속 보낸다. 그래서 얘기를 시작했다.

"스페인에서 대우자동차 누비라 봤다. 어제. 스페인에 한국 자동차 많이 봤지? 너희 대우자동차 알아? 모른다고…. 모르는 게 당연해. 사라진 자동차 회사니까. 그런데 한국에서도 보기 힘든 대우 누비라를 보니까 신기했어. 차는 아주 깨끗해서 금방 뽑은 새 차 같아 보였어. 관리를 잘 했나봐. 너희 집 자동차는 어느 회사 제품이야?"

"저희는 그랜저인데…."

"저희는 소울…."

"그건 자동차 모델 이름이고 제조회사가 어딘지 알아?"

"몰라요"

"그랜저는 현대자동차, 소울은 기아자동차야. 그런데 두 회사가 사실은 같은 회사야. 그래서 현대기아자동차라고 부르기도 하지. 기아가 망해서 현대가 인수한 거야. 사람들은 현기차라고 줄여서 말하기도 해"

"현대가 좋아요, 기아가 좋아요?"

"스페인에 어떤 나라 자동차가 제일 많은 지 알아? 바로 일본차야. 일본은 아주 큰 자동차 회사가 여럿이야. 자동차 강국이지. 원래는 미국이 가장 많은 자동차를 생산했는데 이제는 일본에 뒤쳐졌어. 일본 자동차는 한국에도 많아. 하지만 한국에 전혀 들어오지 않은 일본 자동차 회사가 있어. 바로 미쓰비시 자동차야. 미쓰비시 회사는 우리가 식민지 시절 한국 사람을 강제로 데려가서 일을 시키고 제대로 월급을 주지 않아서 미움을 엄청 받는 회사야. 어쨌든 일본에서 가장 큰 회사야. 한국으로 치면 삼성과 같아. 미쓰비시 자동차는 한국에 직접 자동차를 팔지 않지만 사실상 옛날부터 한국 사람에게 차를 판 거라고 볼 수 있어"

"미쓰비시 자동차가 좋은 차예요?"

"좋다 나쁘다를 떠나 큰 규모의 회사야. 기아자동차는 처음에 자전거를 만들던 회산데 오토바이를 만들었다가 승용차도 만들어 팔았어. 그게 50년 전이야. 참 오래 된 얘기네. 하지만 꼭 알아야 하는 얘기야. 기아자동차가 만든 브리사 모델은 일본 마쓰다 자동차 모델을 그대로 들여와서 생산한 거야. 스페인에도 갈매기 날개 모양의 마쓰다 마크를 단 차가 아주 많아. 그러다가 1975년 그러니까 45년 전에 한국 최초의 고유 모델 승용차가 만들어지게 돼. 그게 현대자동차의 포니야. 포니가 무슨 뜻이지?"

"조랑말이잖아요"

"맞아. 그런데 한국의 최초 고유 모델 포니의 엔진은 미쓰비시 자동차

엔진이야. 자동차의 엔진 다음으로 중요한 동력전달장치도 미쓰비시 자동차에서 생산한 제품을 가져와서 조립했어. 현대자동차는 이태리 디자이너에게 의뢰하고 모양을 결정해서 껍데기만 만들고 일본 미쓰비시 자동차 엔진과 기어 박스를 가져와서 포니를 만든 거야. 포니는 엄청 많이 팔렸어. 나중엔 수출도 많이 했지. 포니가 팔리면 팔릴수록 미쓰비시 자동차만 신나는 일이었지. 그후로 현대자동차는 미쓰비시 모델을 가져와서 신차라고 광고를 많이 했어. 그랜저와 소나타도 미쓰비시 자동차 모델을 그대로 들여온 거야. 그러니까 사실상 옛날의 현대자동차는 땅 짚고 헤엄치는 격으로 자동차 장사를 한 거지"

"그랜저가 일본차예요? 어휴 몰랐어요"

"지금은 현대자동차가 고유 모델을 개발할 정도로 성장했어. 하지만 아직도 완벽하지 않아. 문제는 지금부터 하는 얘기야. 최초의 한국 모델 승용차 포니 가격이 300만원이었어. 45년 전에 말이야. 그 당시 학교 선생님 첫 봉급이 3만원이었어. 그러니까 처음 선생님으로 나간 사람의 100개월 치 월급이 포니 가격이니까 지금으로 따지면 2억 원이 넘는 가격이야. 왜 이렇게 비쌌냐하면, 바로 전 국민을 향해 사기를 친 거야. 가격 책정을 자기 맘대로 한 거지. 포니 수출 가격은 70만원 이었어. 국내에서 파는 가격의 4분의 1이었지. 사실상 현대자동차를 성공시킨 건 우리나라 국민 전체야. 우리 국민이 터무니 없는 가격으로 자동차를 사주고 속아주니까 세계적으로 큰 회사가 된 거야"

"옛날에 월급이 3만원이었어요?"

"그건 물가가 달랐으니 지금 3만원하고는 다르지. 지금은 우리 셋이 한 끼 식사를 해도 5만원을 쓰기도 하잖아. 그래서 서로 가치가 다른 3

만원이야. 49년 전에 사람답게 살게 해달라고 자신 몸에 불을 붙여 죽은 사람이 있어. 일주일 후면 그 분이 돌아가신 날이야. 이름이 전태일인데 당시 23살에 불과했어. 대략 전태일이 죽은지 50년이라고 하자. 당시에 초보 옷만들기 보조는 월급이 3천원이었어"

"예?????"

"50년이 지나서 지금은 한달 내내 일하는 초보 보조는 150만원을 받아. 그럼 몇 배가 된 거지? 500배 커진 거야. 어때 월급 3천원이 150만원이 됐으니 어마어마하게 오른 거지! 이게 모두 속임수에 가까워. 50년 전 서울의 집값은 100만원이 안 됐어. 50만원에도 웬만한 집을 한 채 살 수 있었지. 50년이 지난 지금 서울 평균 집 값은 8억이야. 너희들이 사는 집은 10억은 할 거야. 선생님 아파트 값은 5억이야. 그냥 선생님 집 값을 기준으로 하고 50년 전 집값을 크게 잡고 100만원이라고 할 때 몇 배가 오른 거지? 바로 500배야"

"우리집이 10억? 와 비싼데요…."

"이게 바로 '거위가 아프지 않게 털을 뽑기'라고 부르는 물가인상으로 노동자 속이기 정책이야. 내가 붙인 이름이 아니고 유명한 루이14세라는 위세가 대단한 프랑스 왕 밑에서 제2인자였던 콜베른이 한 말이야. 50년 전 전태일이 사람답게 살자고 분신자살을 하던 때, 전태일은 하루에 2시간을 걸어서 출근했어. 퇴근도 2시간이 걸렸지. 매일 우리가 걷는 거리를 전태일은 출퇴근을 위해 걸어다녔어. 왜 그랬을까…. 차비를 조금이라도 아끼려고 했던 거야. 그만큼 월급이 적었고, 밥이고 라면이고 배부르게 먹기 어려웠어. 무엇보다 하루에 일하는 시간이 12시간을 넘어 14시간, 심지어 16시간을 꼬박 일하는 경우도 있었어. 16시간을 일하면 집에 갈 수가 없었어. 일하던 자리에서 그대로 잠들었다가 아침에 일어나서 곧바로 일해야 16시간을 일할 수 있어. 그건 사람이 산다고 할 수 없었지. 지금도 16시간을 일하는 노동자가 있어. 선생님 가까운 친척이라 잘 알고 있지. 그건 사람을 기계로 생각하는 거잖아. 기계가 망가지면 교체하듯이 노동자가 건강을 해치면 다른 사람으로 교체하고 잘라 버리면 그만이라고 생각했어. 월급을 올려주는 것보다 진짜 중요한 건 이런 차별을 없애는 거잖아. 사람은 누구나 귀하다고 생각해야 하는데, 그래서 차별이 없어지거나 최소한 조금씩 줄어들어야 하는데, 전혀 그렇지 못한 거야. 월급을 올려준 다음 물가, 가장 중요한 집값과 땅값을 올려버리면 50년 전 3000원의 월급으로 버스도 맘껏 타지 못했던 것과 다를 게 없는 거지. 선생님은 그런 세상이 바뀌어서 사람들을 귀하게 생각하고 대접해주기를 바라고 있어. 그런데 왜 50년 동안 차별 문제에 변화가 없었을까?"

"왜죠?"

"자기 욕심을 채우는 게 좋은 사람이라고 가르쳤기 때문이지. 욕심 대신 욕망이라고 말하기도 해. 욕망을 채우려고 노력하는 건 우리 사회 발전의 원동력이라고 가르친 거야. 크게 틀린 말은 아니야. 욕심이 있어야 무엇이든 이루려고 노력한다고 할 수 있어. 다만 욕심이니 욕망이니 하는 말들을 잘못 아는 거야. 오해하거나 착각하게 된 거지. 가족에게 친구에게 옆집 사람들에게 더 좋은 사람이 되려는 욕심과 욕망이어야 하는데, 남들보다 더 비싸고 좋은 물건을 가지는 게 욕망이라고 착각하게 만든 거야. 정부가 그랬고, 기업이 그랬고, TV가 그랬어. 비싸지만 남들보다 먼저 더 많이 가지라고 부채질하면 기업은 물건을 더 잘 팔 수 있으니까 좋은 거지.

덕분인지 때문인지 너희도 남들은 없지만 나에게만 있는 물건을 자랑스럽게 생각하잖아. 그게 지나쳐서 남들에게 결례를 범해도 언제나 떳떳하잖아. 선생님이 그런 점을 늘 잔소리 하는 건 내 맘대로 욕심을 부리는 걸 부끄러워 하지 않으면 세상은 총 없는 전쟁에 불과하기 때문이야. 까미노 곳곳에 보이는 "PAZ"가 바로 피스, 평화야. 우리의 나라 한국은 이제 잘 사는 나라가 분명해. 선생님도 물론 한국을 사랑하고, 자랑스러워. 하지만 더이상 권력을 가진 사람이 국민을 속이면 안돼. 아직 옛날 생각만 하면서 여전히 속이는 사람들이 있어. 아주 많아. 고쳐야 할 점이지"

나는 어쩔 수 없다. 이런 말을 알아듣지 못해도 꼭 해야 한다. 아이들이 자신 입장에서 정도껏 알아들으면 된다. 전혀 알아듣지 못해도 해야 한다. 세월호를 생각해 봐라. 앞으로 50년 후에 뭐라고 할 것인가. 난 50년 후가 불가능하다고 보는 사람이다. 이대로 간다면 말이다.

프랑스 사람과 저녁을 먹는 부엌에 같이 있었다. 아이들이 마켓에서 쇼핑하도록 허용했더니 인스턴트 음식을 많이 사왔다. 죽 늘어놓고 먹었지만 결국 많이 남겼다. 내가 미리 먹을 수 없을 정도로 많은 양이라고 경고했지만 부득불 먹을 수 있다고 고집을 부렸다. 시하가 하도 게걸스럽게 먹어서 옆에서 웃는 프랑스 아저씨에게 "돼지가 불어로 뭐죠?" 물었다. "꾸숑"이라고 가르쳐준다. 꾸숑? 어디서 많이 듣던 단언데…. 예전 드라마에서 이휘향이 어떤 남자 출연자에게 '꾸숑'이라고 불렀던 기억이 난다.

내가 시하는 쁘띠꾸숑, 태호에게는 마른꾸숑이라고 부르며 부드럽게 야단쳤다.

"사실은 너희도 다 먹을 수 없다는 걸 이미 알고 있었어. 그래서 화가 나. 진짜로 먹을 수 있겠다 생각했지만 먹다보니 너무 많았다가 아니잖아. 그냥 테이블 가득 올리는 게 좋았던 거잖아. 내가 도저히 먹을 수 없는 양이라고 알려줬는데도 비웃듯이 샀잖아. 반성하고 고쳐야 할 점이야"

아이들은 작은 목소리로 "아닌데, 아닌데"를 연발했지만 자신은 없었다. 욕심의 조절이 아슬아슬하다. 이성적 조절이 가능할지 아닌지 좀 더 지켜봐야한다. 선택의 자유를 주면 너무 흥분한다.

비슷한 상황이 한두 번이 아니다. 예상하지만 가르치려고 계속 자율권을 줬다. 아주 조금씩 눈치를 보는 정도의 진전은 있었다. 정도의 차이는 있지만 둘 다 크게 다르지 않다.

태극기를 배낭 뒤에 크게 붙이고 걷는 한국 대학생 둘을 만났다. 기회가 있다면 이것저것 묻고 싶었지만 어색한 일이라 그러지 못했다. 내가 걱정하는 지점이 있어서 그렇다. 내 정서와 20대 청년의 정서는 너무 크게 빗나가고 있다. 바로 두 아이의 가까운 미래다. 내가 걱정한다고 될 문제가 아니라 걱정 수위를 내리기로 했다. 하지만 살 수가 없다. 숨 쉴 공간이 필요하다. 숨 막혀 죽을 지경이다.

모라티노스 11월 4일

15일차

 비에 흠뻑 젖은 날이다.

판초가 어린이용 3장이라 내게는 허리까지만 내려온다. 배낭을 가리느라 뒤집어쓰고 걸으니 바지와 운동화는 대책이 없다. 운동화를 작년 봄 스페인 올 때 구입했는데, 방수는커녕 여름용 망사 재질이다. 더구나 바람이 세게 불어 정신이 없다. 비가 오면서 바람이 강하게 부니까 신기한 일이 일어난다. 젖으면서 동시에 마르는 기현상이…. ^^

아이들은 불편하면서도 색다른 경험인 듯…. 나름 즐기면서 걷는다. 1시간을 걷고 쉬었다가 가자고 하니까 아이들은 그냥 계속 가자고 하는 거다. 나는 발이 젖으니까 걷는 의욕이 꺾였다. 모라티노스라는 작은 마을에 들어와 알베르게에 등록했다.

원래 모라티노스에서 묵으려던 계획은 아니었다. 9㎞ 더 가면 사아군(Sahagun)이 나오기 때문이다. 사아군은 시티와 타운 사이의 큰 마을이다. 그런데 어제 만난 한국계 미국인 여성(캘리)의 영향이 컸다. 뉴욕에 산다는 40세 여성은 어제와 오늘 동선이 겹치고 숙소도 같아서 아이들과 대화하는 기회가 여러 번 있었다.

"너희 컴퓨터 게임만 하다가 끌려왔구나"

대뜸 우리 아이들에게 정감을 갖고 아는 척을 했다. 늘 친절하게 대해주고 "이 누나가 아는데 말이야~" 하며 말벗이 돼주었다. 아이들은 당연히 가까이 다가섰다.

어제 저녁 자리도, 오늘 저녁 디너도 같이 먹었다.

"네가 대전 산다고? 내가 중학생 때 대전엑스포 수학여행 갔었지. 아직도 있나? 대전 어디 사는데?"

캘리가 시하에게 물었다.

"카이스트 근처에 살아요"

"그래? 카이스트가 한국에서 제일 좋은 대학이야. 거기 가면 좋겠다"

"서울대가 제일 좋은 학교 아닌가요? 저도 카이스트 갈 생각 있어요"

시하가 카이스트 생각이 있다는 말은 처음 듣는다. 카이스트에 대해 늘 부정적으로 말했었다.

"너는 MIT? MIT 우리집에서 멀지 않아. 쉬운 대학은 아니니 열심히 공부해야겠다. 누나도 늦게 미국에 공부하러 가면서 영어 때문에 고생했어. 영어가 중요해. 영어 공부 열심히 해봐"

이번엔 태호에게 말했다. 태호가 늘 MIT가는 게 꿈이라고 했었다. 하지만 발뺌을 한다.

"저 MIT 못가요. 저 영어 싫어해요"

"무슨 소리야. 아직 초등학생인데…. 금방 영어 잘 할 수 있어. 이제 한국어는 평생 잊어버리지 않아. 그러니 영어 공부에 집중하도록 해. 꼭 필요해"

나는 옆에서 지켜보기만 했다. 별로 거들 말이 없다. 시하가 또 몰랐던 말을 한다.

"우리 엄마아빠가 내년에 미국에서 일년 살면서 학교 다녀보면 어떻겠냐고 했어요"

이건 내가 궁금해서 물었다.

"뭐? 금시초문인데… 그래서 뭐라 대답했어?"

"싫다고 했어요"

아이들의 촉은 아주 예민하다. 모든 아이가 마찬가지다. 누가 내게 곁을 내줄 것인지, 누가 권위가 있고 내게 도움을 줄 수 있는지 빠른 시간에 파악한다. 심지어 말이 통하지 않는 외국인 조차 정확하게 가늠한다. 아이들은 캘리에게 집중하고, 캘리의 말을 수용한다. (반론을 펴지 않는다)

캘리가 10㎞만 걷고 모라티노스에 있는 호텔급 알베르게에서 묵고 사아군으로 가겠노라고 말을 하고 아침에 먼저 떠난 것이다. 우리 아이들은 당연히 '호텔급'에서 자야한다고 싱글싱글 웃으며 얘기한다. 거기다 발이 젖어서 (아이들은 방수화라 노프라블럼) 고민 끝에 모라티노스 알베르게에서 하루 머물기로 결정한 것. 오후 시간이 아주 지루했지만 비가 오후에도 간헐적으로 이어졌기 때문에 그만 걷기로 하길 잘 했다고 생각했다.

아이들도 지루하니까 날 괴롭힌다. 이것저것 말을 걸고 묻는다. 영화 제목을 말하고 언제 나온 거냐고 묻는다. 최초의 모바일 게임이 뭐냐고

도 묻는다. 테트리스 아닐까 하니 그건 모바일 게임이 아니잖아요 하며 태클을 건다. 이런 질문은 시하가 주로 한다. 어떤 건 시하가 답을 가지고 있는 질문을 하기도 한다.

몇 번 '로다주'를 언급했지만 매번 "노다주가 누구냐?" 되묻는다. 로보트 다우니 주니어, 아이언맨 주인공 배우다. 로다주가 몇 살이냐, 로다주가 아역 출신인데 처음 출연작은 뭐냐, 로다주 차기작은 무엇이냐 등을 묻는다. 내가 대답할 수 없는 질문이다. 하지만 대략 대답한다.

"몰라. 내가 그걸 어떻게 알아" 이렇게 대꾸하면 더 이상 말하고 싶지 않다는 뜻이 된다. 그러면 곤란하다. "로다주는 한 45살인 것 같아. 보기엔 50대로 보이지?" 라고 하거나 "로다주는 5살에 아역으로 데뷔했는데 제목은 모르겠어. 검색하면 알 수 있겠지"

나는 로다주가 몇 살에 데뷔했는지 모른다. 내 대답은 콘텐츠의 정확성, 그러니까 팩트체크에서 당당히 통과할 수 있는지 여부는 중요하지 않다. 애초에 아이가 내게 팩트를 요구하는 게 아니다. 자신의 말에 귀 기울여줄 어른이 필요할 뿐이다. (일기를 쓰면서 지금 검색하니 로다주가 5살에 데뷔한 게 맞네. 찍기 신공. 그러나 나이는 55살이다.ㅠㅠ) 틀린 팩트라도 정성껏 대답하는 게 중요하다. 어떤 칭찬보다 아이들을 격려하는 일이다.

태호는 주로 마크(마인크래프트)나 양코대전쟁 같은 게임 얘기를 꺼낸다. 내가 전혀 모르는 세계다. 그래도 최선을 다해 아는 척을 한다. 태호 세계에 대한 긍정이고 인정이다. 그 다음 다른 화제로 넘어갈 수 있다.

말이 돌고 돌다가 '교활하다'는 표현이 나왔다. 옳다구나! 내가 아는 세계다^^

"애들아, 교활하다는 건 남을 속여서 자기 이익을 챙기는 건데, 교활이 동물 이름인 거 아니?"

"네? 교활이란 동물이 있어요?"

"교는 개의 몸에 표범 무늬를 가지고 머리에 뿔이 난 상상의 동물이야. 아주 옛날 중국 사람들이 만들어낸 동물이야. 활은 사람같이 생겼는데 온몸에 털이 수북한 동물이지. 히말라야 설인을 상상하면 돼. 이 둘이 아주 꾀가 많았데. 호랑이가 자기를 잡아먹도록 유인해서 호랑이 뱃속에서 내장을 파먹어서 호랑이를 죽게 만든다는 거야."

"일종의 옛날 이야기네요"

"그렇지…. 비슷한 얘기가 또 있어. 낭패도 낭과 패라는 각기 다른 두 동물을 말해. 블라블라~~~"

이렇게 내가 얘기하면 아이들이 잘 듣는다. 하지만 이것 또한 마찬가지다. 아이들은 나와 관계가 돈독하기 때문에 들어주는 척 하는 것이다. 가까이 사는 가족이나 부부의 대화도 들어주는 의지가 중요하지 내용이 중요하지 않다. 들어주겠다는 뜻을 상대에게 전달했을 때 상대는 말을 하기 시작한다. 방향성을 가지고 말하기가 사랑의 본질이다. 말하지 않는 사랑은 없으며, 방향성 없이 공중에 퍼지는 말도 사랑과 거리가 멀다.

지루한 오후 시간을 알베르게에 딸린 레스토랑에서 주로 보냈다. 밖은 비가 오고 침실은 캘리가 누워서 쉬고 있기 때문에 실내에 들어가지 못하게 했다. 놀면서 사진 찍었달라고 한다. 특히 태호는 드문 일이다. 자신을 찍어달라는 주문은 마음의 평화가 강처럼 흐를 때이다. 둘 다 아주 예쁘게 잘 찍혔다. 태호도 크게 만족하며 좋아한다. (웬만하면 사진 확인

하고 지우라고 고집한다)

상당히 선명한 무지개를 봤다. 일곱 가지 색깔이 확실하게 구분되는 무지개다. 아이들과 무지개를 같이 찍은 것도 행운이다.

스페인 아침 뉴스쇼에 세월호 추모 리본을 가슴에 단 사람이 인터뷰하는 모습이 보여서 일단 사진으로 남겼다. 바르셀로나가 카탈루냐 지방의 중심 도시다. 카탈루냐는 오랜 독립국이었다. 독재자 프랑코에 의해 많은 사람들이 학살당하고 스페인의 일부로 살고 있다.

여전히 독립을 꿈꾸는 카탈루냐는 세월호 추모리본을 카탈루냐를 위해 희생된 사람들의 추모 상징으로 사용하고 있다. 2011년에 카탈루냐 국제상을 받는 자리에서 무라카미 하루키가 한 연설을 읽어보시라 권한다. 구글에서 "카탈루냐 무라카미"로 검색하면 연설 전문을 쉽게 찾을 수 있다.

16일차

레온 11월 5일

"문제를 초래한 사고방식으로는 문제를 해결할 수 없는 법이다." 아인슈타인이 한 유명한 말이다. 이 말의 정당성을 역사가 증명한다. 언제나 새로운 사고와 관점이 얽힌 문제를 해결하고 새 시대의 문을 열었다. 수학의 역사라면 적나라하게 아인슈타인의 말을 증명한다. 또한 하이델베르크도 스승인 닐스 보어에게 비슷한 말을 했다.

"선생님, 낡은 사고로는 낡은 세상만 볼 수 있습니다"

문제가 있고, 그 문제를 해결하기 위해 호주에도 살고 스페인 카미노를 걷기도 한다. 오늘 걸으면서 "문제를 초래한 사고방식"을 화두로 삼고 걸었다. 우리에게 문제를 초래한 사고방식이 무엇인지부터 확인하고서야 문제해결의 위한 새로운 사고방식을 정립할 수 있을 테니 말이다

하지만 생각하면 할수록 정리되는 게 아니라 방 안에 콩과 팥을 한 말씩 부어놓은 것 마냥 어수선하기만 하다. 문제를 해결하겠다는 의지가 문제를 초래했다는 생각까지 도달하고 더이상 진척이 없다. 과연 문제란 해결을 전제로 한 개념인가?

캘리가 아침에 일어나자 태호 때문에 잠을 잘 수 없었다고 말한다. 이층침대 아래에 캘리가 자고 위에 태호가 누웠다. 태호의 선택이었다. 내가 금방 잠들어 상황을 알지 못했다. 태호가 계속 뒤척이고 한숨소리를 내다가 아래 바닥에 내려와 뒹굴렀다는 거다.

왜 그러냐고 물었더니 목이 말라서 그런다고 하길래 선생님을 깨워서 물 달라고 하라고 했단다. 태호가 날 흔들어 깨워 목마르다는 얘기를 했었다. 그때 내가 시계를 봤는데 12시반이었다. 3시간 이상을 자지 못하고 끙끙거린 거다.

해석하면 태호가 심한 각성 상태에 놓였다는 얘기다. 각성을 유지하는 자극이 지속된 결과다. 자극원은 캘리가 맞을 것이다. 캘리가 한국인이란 점, 지금은 미국 뉴욕 센트럴파크에서 살고 있다는 점, 자기에게 친절하게 말하고 격려해준 점, 여성이란 점, 누나라고 불렀지만 엄마의 느낌이 있다는 점 등이 작용했을 것이다.

반대로 남성이거나 한국어 소통이 어렵거나 자기에게 특별한 관심 (MIT대학에 갈 수 있다. 용기를 내라)을 보이지 않았다면 침대에서 금방 잠들었을 것이다. 그리고 무엇보다 캘리가 뒤척이는 태호에게 소리내지 말라는 주문을 했다. 캘리의 제지명령은 태호에게 상대방의 반가운 반응이지 부정적 피드백이 아니다.

'태호의 뒤척임으로(이층침대라 작은 움직임도 느껴진다) 잠을 이루지 못한 캘리'라는 상황은 팩트겠지만, 이 상황이 문제가 된 것은 태호로부터 발생한 것인지, 캘리로부터 발생한 것인지 명확하지 않다.

캘리가 과도하게 예민한 것이 문제라고 지적할 수도 있고, 알베르게 같은 특수한 장소에서 자극에 과도하게 반응한 태호가 문제라고 말할 수도 있다. 이런 서술은 문제를 초래한 사고방식이 아닐까? 두 사람이 존재하고, 한 사람은 액션을 취했고, 다른 사람은 상대방의 액션에 반응하는 액션을 보였다-이런 서술이 언제나 팩트가 아니다. 이런 서술로는 캘리가 느낀 불편함(심하면 고통)과 태호의 욕망의 목마름(부족에 대한 아쉬움)을 해소할 수 없다. 바로 "사고방식"이 초래한 문제라고 보기 때문이다. 사고방식의 변화 없이 해결되지 않는 문제다.

사아군까지 9㎞를 걸었다. 아이들이 천천히 걸어서 3시간 걸렸다. 아이들은 10㎞쯤은 쉬지 않고 걸을 수 있다. 걷기능력의 향상이고 배낭에 대해서도 적응이 됐다.

사아군부터 레온까지 60㎞인데, 길이 매우 황량하고 23㎞ 구간에 아무런 숙소와 식당이 없다고 캘리가 알려줬다. 많은 순례꾼들이 사아군에서 열차로 레온으로 점프한다고 하면서 자신도 오후 2시 차를 타겠다고 말한다.

아이들은 그 말을 듣자마자 기차 타고 싶다고 노래를 한다. 결국 고민 끝에 여러 사정을 감안해서 열차로 레온에 가기로 했다. 그런데 같은 시간에 오는 반대편 열차가 있다는 걸 몰랐다. 예정된 2시에 들어오는 열차를 우리 열차로 알고 탔더니 반대 방향인 바르셀로나를 가는 열차였

다. 한 정거장 가서 내렸다. Palencia다. 카스티야 지역의 3대 거점 도시 중 하나다(레온, 부르고스와 더불어) 부르고스는 공장밀집 지역이지만 팔렌시아는 농업중심도시 느낌이다. 중심상권이 무너져 보기에 안타까웠다. 레온 가는 완행열차를 타고 어두워지기 직전에 레온에 도착했다.

레온 차이나상회에 가면 한국 라면을 살 수 있다는 인터넷 정보를 얻었다. 30분을 걸어서 찾아갔다. 아이들은 한국 마트처럼 다양한 라면이 있는 모습에 환호했다. 캔김치가 있다는 걸 이번에 처음 알았다. 한국 소주도 있지만 참기로 했다. 왕복 한 시간을 걸어 한국 라면(오늘 밤은 육개장면 선택/라면 많이 사왔다. 두고두고 끓여먹으려고)을 산 것이 마음 뿌듯하다. 아이들이 햄이나 치즈를 거부한다. 차이나상회에 가는 길에 시하 아디다스 바지를 샀다. 바지가 너무 얇아서 추위를 견디지 못한다. 그만큼 기온이 내려갔다.

레온의 중심지는 화려하다. 사람도 북적인다. 부르고스하고 비교가 되지 않을 정도로 인구도 많고 넓다. 벌써 쇼윈도는 크리스마스 장식을 하고 있더라.

비야당고스 11월 6일

17일차

레온 관광을 하다가

레온 알베르게에서 묵고 내일부터 열심히 걷자고 아이들과 합의했다. 그러나…. 레온대성당 주변에서 어슬렁거리다가 중앙광장에 임시 시장이 서서 구경하고 과일도 샀다(딸기, 자두, 무화과). 딸기는 무척 비싸고 무화과, 자두(후무사)는 엄청 싸다.

과일을 들고 레스토랑에 들어가서 태호가 노래를 부르는 오징어튀김과 파이 몇 개로 점심을 해결했다. 물론 과일도 클리어~ 오후 1시에 일어나 알베르게에 들어가려고 까미노 표시 노란회살표만 보고 걸었다. 호텔만 있지 알베르게는 나오지 않는다. 언젠가는 나오겠지 하며 걷다가 4시간을 걸었다. 레온을 빠져나오고도 시골길을 한참을 걸었다. 작년에 묵었던 노인요양원과 함께 운영하는 알베르게는 문을 닫았다. 3.5

㎞를 오시면 신설 알베르게가 있다는 팻말을 보고 다시 걸었다. 예감이 안 좋았는데 역시 운영하지 않는다^(전화를 했더니 받지 않았다) 쉬지 않고 걸었기 때문에 20㎞ 이상을 훌쩍 넘겼다. 날은 곧 어두워질텐데 비까지 뿌리기 시작한다. 7㎞를 더 가야 알베르게가 있단다. 아이들은 "7㎞ 더!"에 동요하지 않았다. 그냥 걸어갈 태세다. 2시간은 걸어야만 텐데…. 문제는 곧 어두워진다는 것.

지나가는 차를 얻어타기로 마음 먹었다. 모두 그냥 지나친다. 할 수 없이 걷기로 했다. 그때 맞은편에 승용차가 한 대 서더니 우릴 태워주겠단다. 잠시 기다리라고 하고 유턴을 해서 우릴 태웠다. 가려던 행선지와 반대로 가서 어떡하냐고 했더니 우리가 손 흔드는 걸 보고 지나쳤다가 차를 돌려서 온 것이란다. 자신은 폰페레다를 가는 길이라고…. 폰페레다는 결국 우리가 몇일 후에 지나쳐야 하는 도시다.

그래서 비야당고스에 6시 5분 전에 도착할 수 있었다. 고맙습니다를 열 번은 했을 거다. 내리기 직전에 시하가 감사의 표시로 패레로로쉐 초콜릿을 드리면 좋겠다고 제안했다. 두 개를 꺼내서 고맙다고 건네니 안 받겠다고 손사래를 친다. 겨우 운전석 옆에 한 개 두고 내렸다.

"오늘의 친절을 잘 기억해라. 친절은 돈으로 갚는 게 아니라 다른 사람에게 친절을 베풀어서 갚는 거란다"

레온은 2천 년 전 로마에 의해 만들어진 도시다. 로마시대 유적이 약간 있고, 레온왕국 때 만든 대성당이 가장 유명하고 가우디의 고딕 양식 작품도 있다.

둘러보면 모두 권위의 상징이다. 크고 웅장한 대리석 조각들이 "눈깔아~" 수준이다. 우리 아이들은(그동안 나를 찾아왔던 아이들은) 권위에 복종하지 않는 성향이다. 이런 역사적 유물은 아이들에게 옛 쓰레기에 불과하다. 아직 어려서 그런 게 아니고 세월이 지나 성인이 돼도 마찬가지다. 세대 차이의 대표적인 내용이다. 거대한 석조건물이 수백 년 전 권위라면 현재 권위는 단연 문자다. 그러니까 책이 현대 문명의 절대 권위다.

아이들이 이야기는 즐기지만 책은 싫어하는 이유가 여기에 있다. 텍스트가 가지고 있었던 권위의 폐기를 말한다. 반대로 유튜브가 대세가 된 이유이기도 하다. 좀 복잡한 얘기지만 우리 아이들은 아무리 역사 이야기를 하며 유물유적에 대해 설명해도 귀에 닿지가 않는다. 이건 변화를 말하는 거지 문제라고 지적하는 게 아니다.

오늘 만난 외국인은 모두 프랑스 사람이다. 프랑스는 이웃 나라니까 뭐… 우리가 경상도 사는데 전라도 여수 돌산에 여행가는 정도? 주로 은퇴한 부부들이다.

오늘 저녁은 너구리로 당첨!

산티바녜스 11월 7일
18일차

　　　　　　　　　　　　오늘도 바람바람바람이다.

아직은 메세타 지형(고원평야지대)이라 사방팔방 지평선에 갇힌 신세다. 시하가 묻는다. "왜 바람이 부나요? 그리고 한쪽 방향으로만 부는 이유가 뭐죠?" 나는 역시 언제나 맞바람 인생이야…. 생각 중이었는데, 바람 방향에 대한 질문을 하다니! 찌찌뽕이라도 외쳐야 하나 싶기도….

"바람은 공기의 이동이야. 이제 겨울에 접어드니까, 아 오늘이 입동이지. 한국과 중국에서 계절을 나타내는 24가지 고정 날짜가 있는데, 겨울에 들어서는 11월 7일이 입동이지. 그걸 24절기라고 부르고, 24번이니까 매월 2번씩 공평하게 있지. 바람의 방향은 차가운 기운이 북쪽으로부터… 호주와 달리 여기는 북반구니까 북극의 차가운 공기가 내려오면서 바람이 부는 거야. 그러니까 북풍인거지"

이번 대답은 정확한 건 아니다. 대략 뭉뚱그려서 대답했다. 바람 얘기가 나오니까 태호가 화제를 태풍으로 돌린다. "지금 이 바람은 스페인 태풍인가요?" "태풍의 속도는 얼마인가요?" 응 스페인은 태풍 안 불어. 그리고 태풍은 북태평양에서 생기는 바람이고, 대서양은 허리케인, 인도양은 싸이클론이라고 불러. 대서양 허리케인은 모두 미국 쪽으로 이동해. 그래서 스페인은 태풍, 즉 허리케인이 없는 거야.

그랬더니 이제 질문 레이스가 시작된다. 서로 누가누가 질문 많이 하나 경쟁에 돌입한 것. 시하 왈, 그럼 북극해에서 생기는 태풍의 이름은 무엇인가요? 태호 왈, 태풍의 속도는 얼마인가요? 소리와 태풍 중 누가 더 빠른가요? 시하 왈, 토네이도와 태풍은 어떻게 다른가요? 태호 왈, 토네이도 속도는 얼마인가요? 시하 왈, 왜 토네이도를 연구하는 사람들은 토네이도 속으로 들어가나요? 태호 왈, 토네이도에 들어가는 사람은 돈을 많이 주나요? 시하 왈, 태풍하고 원자탄하고 누가 더 센가요? 태호 왈, 빛의 속도는 마하 몇 인가요? 시하 왈, 지금 바람의 초속은 얼마인가요? 태호 왈, 그런데 구름 속도가 왜 저렇게 빠른가요? 혹시 바람에 구름이 밀려나나요? 등등등…. . 정신이 없다. 뭉땅 답을 했다. 물론 엉터리 답도 있다. 광속이 마하 몇인지 어찌 아나. 계산한 적이 없는데. 그냥 마하 10만이야! 라고 대답함.

그런데 질문의 태반이 자신들이 유튜브에서 본 정보를 가지고 내게 묻는 것이다. 그러니까 형식은 질문인데 내용은 아는 데이터 총동원하기다. 내 대답을 듣고 자기가 아는 분야는 보충강의를 하기도 한다.

그렇게 떠들며 지루한 광야를 지나간다. 오늘 통과하는 지역은 온통 옥수수 밭이다. 얘네는 포도를 수확하거나 옥수수를 딸 때 기계를 쓴다. 콤바인이 지나간 논은 벼 밑둥만 남는데 스페인 포도는 (당연하지만) 포도 열매만 사라진다. 일년생 옥수수는 대를 자르거나 뽑아내야 하는데 이곳은 옥수수대가 그대로 서서 말랐다.

박문호 박사가 진행하는 뇌과학 강의에서 말하길 뇌의 각 영역 사이를 횡단하는 신경이 2천 만 가닥이라고 한다. 그것도 뇌 전체가 아니라 시냅스 하나하나에 연결된 신경이 2천만 가닥! 그냥 두꺼운 신경줄 하나가 아니라 2천만 가닥으로 만든 신의 의도가 있지 않겠는가. 아마도 가장 합리적인 추론은 2천만 가닥 중 몇 개는 어떤 사정으로 끊어져도 정보전달에 오류가 생기지 않도록 한 신의 배려가 아닐까 싶다.
내가 아이들에게 전달하는 정보의 일부가 정확하지 않더라도 크게 문제 되지 않는다. 내가 주는 정보는 논리를 단단히 하는데, 즉 사고력 신장에 필요한 재료가 아니다. 우리는 연결되었다는 확인의 신호일 뿐이다. 질문하니 대답한다. 대답에서 또 다른 질문을 찾고 또 대답이 돌아온다. 마치 전화가 연결됐단 증거로 "여보세요"를 말하듯 질문과 대답이 이어진다. 여보세요가 '니가 내 여보인가?' 묻는 말이 아니잖은가.
놀랍게도 한국의 교육은 "여보세요~" 말했으니 "나는 네 여보가 아니거든"이라고 대답하는 게 〈정답〉이라고 말하는 꼴이다. 그냥 코미디다. 아주 진지한 코미디. 뜨거운 얼음 구하기라고 말해도 된다.

열심히 7시간을 걸었다. 여유있게 바르(bar)에서 식사하거나 길 위에서 쉰 시간도 있다. 그래도 7시간을 바람 불어 추운 날 길 위에 있었다면 충분하다는 생각에 작은 마을에 있는 유일한 알베르게에 들어갔다. 두 젊은 여성이 늦은 점심을 먹다가 우리를 맞이했는데 매우 의아한 표정이다. '아니 왜 순례꾼이 우리집에 들어오지?' 이런 분위기로 한참을 쳐다보더니 얼굴 근육을 풀고 반갑게 맞아준다. 매우 소박한 알베르게는 결국 오늘밤 우리만 잔다. 공용 부엌이 없다고 하면서 디너를 신청하겠냐고 묻는다. 1인 10유로. 2인분만 시켰다. 역시 충분했다. 맛도 좋고 재료도 신선하고 구성도 알차다. 오렌지주스와 후식 푸딩이 공장제품이지만 그 또한 나쁘지 않았다. 내가 침대에 누워서 쉬는 동안 아이들은 마을 놀이터에서 한바탕 놀고 들어온다. 이제는 체력이 남는다. 기특하지고…. 단지 침실 난방이 없다는 게 흠이다. 곧 눈소식도 있는 듯.

바람과 관련된 얘기가 자연의 힘으로 확장되고, 아무리 인간의 과학기술이 발달해도 자연의 힘 앞에서는 무기력할 수밖에 없다고 하니까 시하가 반론을 편다.
"하지만 인간은 상상을 하죠. 그게 인간의 위대함 아닐까요"
좌우간 시하의 순발력은 대단하다. 그래서 시하랑 얘기하면 재밌다. 들은 얘기, 읽은 얘기, 본 얘기를 잘 기억했다가 적재적소에서 꺼낸다. 태호의 상상력도 매우 특별하다. 실소가 나오는 엉뚱한 상상도 있지만 상당히 매력적인 창의적 제안도 한다. 주로 서로 다른 성격의 두 물건을 결합해서 새로운 발명품을 만드는 아이디어를 말한다.
어른과 아이를 가르는 강이 상상에 있다. 어른은 어릴 적 상상이 비현실적이라고 굳은 신념을 구축하며 어른의 강을 건넌다. 다시 다리를 되돌아 건너지 못한다. 강 저편의 아이에게 빨리 건너오라고 손짓한다. 발을 구르기도 한다. 소리를 지르기도 한다. 그러나 한번쯤 생각해봐야 한다. 왜 신은 어린 목숨에게 현실에서는 도저히 용납되지 않는 상상을 하도록 했을까? 그리고 나이를 먹으면 어릴 적 상상을 거두어 갔을까?

초등학교 고학년이 상상의 세계에 머물면 문제가 된다. 상상 세계에 머무는 시간이 길면 장애 판정을 받을 수 있다. 그럴 경우 부모의 삶은 파괴라고 말해도 될 정도로 피폐해진다. 혹자는 부모의 새 인생을 장애 자식이 열어줬다고 말하지만 수사에 가깝다. 일단 생업 종사가 어려워진다.

캐나다 경우 한 명의 정신장애인(발달장애 포함)에게 4~5명이 팀을 이루어 일상의 보조를 한다고 한다. 꿈과 같은 얘기다. 팀원은 의사가 아니고 의료지식을 갖춘 것도 아니다. 담당의사는 따로 있다. 외출을 하고

싶은데 불편함이 있거나, 당장 의사에게 질문할 것이 생각났거나, 누군가와 다투고 문제가 됐거나, 기타 곤란한 일이 있을 때 출동해서 해결한다. 아, 그런 시스템이 가능하구나…. 예산이 많이 들 것이다. 어제 뉴스를 보니 복지예산은 OECD 단연 꼴찌 국가란다. 한국이. 돈이 없는 것도 아니다.

 지금 스페인을 함께 걷는 아이들은 장애를 가진 건 아니지만, 상상력이 풍부하고 남들보다 늦게까지 상상의 세계에 남아있는 아이들에 대한 배려는 일도 없는 나라가 한국이다. 정말 상상의 빈곤이다.

 송파구와 성북구 일가족 자살만 있는 것이 아니다. 천진난만한 얼굴로 "한 명의 아이도 소외되지 않는 교육"을 말하면서 (그런 말이 구두선에 그친다고 해도) "한 명의 국민도 배제하지 않는 정치"를 말하지 못한다. 나는 못하는 게 아니라 안하는 거라 생각한다.

 힘겹게 정부보조금으로 사는 스페인 농부를 보면서 드는 생각이었다. 단지 농토가 넓어서 농부들이 안정적으로 사는 건 아니다. 겉모양(집의 꼴이나 행태, 노인 위주 농촌모습은 한국과 다르지 않다)은 초라하지만 스페인 농부들에게 평화와 여유가 있다. 스페인은 우리보다 못 사는 나라다.

 쫌! 잘하면 안되겠니!!

아스트로가 11월 8일

19일차

이례적으로 추운 날이다.

몸이 움츠러드니까 늦잠을 잔다. 출발이 가장 늦었다. 8시40분. 아이들은 처음으로 장갑을 꼈다. 아침을 먹지 못한 채 (먹을 곳이 없어서) 10㎞를 걸어가니 언덕을 지나 갑자기 나타난 가건물이 있다. 여러 음식이 좌판에 어지럽게 있다.

일단 주인장과 인사를 나눴다. 우리 모습을 보더니 곧바로 "안녕하세요. 앉으세요" 한국말을 한다. 얼굴이 가수이자 배우인 신성우를 닮았다. 이 추위에 조리 슬리퍼를 신고 있다. 자유롭게 먹으라고 말한다. 따뜻한 커피도 있다고 안내한다. 우리를 이어 바로 도착한 한국인 청년이 "도네이션 카페인가 보네요"라고 하니, (도네이션 단어를 알아 듣고) 절대 도네이션 아니다, 선물이다, 까미노에 대한 사랑이다, 영어로 힘주어 말한다. 공짜로 주는 선물이니 맘껏 먹으라는 거다. 좌판 앞에 작은 돈통이 있었다. 다비드 이름의 주인장은 황량한 언덕에서 텐트생활을 하는 듯 보인다. 작은 난로에 물도 끓이고 설거지도 본인이 하고 활력이 넘친다. 말과 몸짓에 진정성이 보였다.

우리 아이들은 말 그대로 맘껏 먹기 시작했다. 한국 청년은 아무것도 먹지 않고 그 자리를 뜨면서 "너무 많이 먹지 마라. 다음 사람도 먹어야 하지 않겠니?" 가볍게 충고한다. 배고픈 나도 비스킷 여러 개, 레몬 잔뜩 들어간 채소스프, 커피, 호두 등을 먹었다. 시하가 골든키위를 2개 먹으니까 1개만 먹고 멈췄던 태호가 하소연을 한다. "제발 키위 한 개 더 먹을게요" 먹지 말라고 할 수도 없고…. 결국 먹으라고 했고, 먹는다고 누

가 눈치 주는 일은 아니지만 먹겠다는 동기가 '시하는 2개 먹었으니'에 있어서 잠시 망설였던 것이다. 그냥 먹어도 되는데, 다 먹고 길을 떠나려니까 시하는 2개 먹은 게 생각났던 것이다.

배고픈 참에 우리 셋이 다양하게 아주 잘 먹었다. 돈통에 5유로를 넣고, 가지고 있던 라면 중 삼양라면(브랜드 이름)세 개를 다비드에게 선물로 줬다. 살짝 당황하는 눈치더니 고맙다고 인사하며 받는다. 그때 예상할 수 있었다. 라면은 다시 다른 이에게 선물로 전달될 것을….

이반 일리치가 하버드 특강 때 젠더문제에 대해 언급하자 한 청강생(여성)이 질문한다.

"선생님, 남자도 여자도 아닌 인간의 몸을 본 적이 있나요?"

일리치는 그 질문이 매우 인상 깊었다고 썼고, 나도 살면서 남자도 여자도 아닌 '인간'으로 표현하는 문제에 대해 곰곰이 생각했다.

아주 특별한 예외를 빼고, 모두 여자이거나 남자로서 태어난다. 선택할 수가 없다. 세상은 이미 신체적 성별에 따른 삶의 패턴이 정해져 있다. 이 또한 선택하지 못하고 정해진 루트를 따라 간다.

지금까지 그랬다. 하지만 지금부터 다른 지점에 서있다. 나와 우리 아이들이. 구슬은 그동안 홈이 파인 경로에서만 움직였지만 갑자기 무한대의 평평한 쟁반에 올려진 느낌이다. 구슬은 어디로든 갈 수 있지만 동시에 어디로 가야할지 판단하기 어려워 움직이지 못한다. 우리가 평평한 쟁반 위 구슬과 같다.

국적도 마찬가지다. 다비드가 스페인을 선택한 것도 아니고, 우리가 한국을 선택한 것도 아니지 않은가. 국적이란 성별과 달리 인위적이고 정치적이다. 그럼에도 불구라고 개인의 입장에서 성별과 다르지 않다.

노예에서 벗어나 자유시민이 된 이후 이제 성별이나 국적 조차 개인을 구속하지 못하는, 즉 자유의지가 미치지 않는 분야가 사라진 세상과 만난다. 그래도 마지막으로 자유의지가 작동하지 않는 분야가 있으니 바로 미디어다.

삶이 언어에 묶이고, 이미지에 묶이고, 문자에 묶이고, 노래에 묶인다. 앞으로 아주 오랜 시간 미디어에 묶인 채 살아갈 것이다. 결국 미디어의 영향을 받지만 경로는 얼마든지 선택할 수 있는 세상이 앞에 있다. 이제 어디로 갈 것인가.

어제 오늘 까미노는 옥수수밭과 함께 한다. 가까이 가서 보니 아직 수확을 하지 않아 옥수수가 들어있다. 껍질을 까보니 황옥수수로 사료용 옥수수다. 아이들은 가져다가 쪄먹자고 하지만 찔 수도 없고 찐다고 해도 먹지 못할 거다.

옥수수는 라틴아메리카의 상징이다. 인디언들은 태양의 선물이라고 했다. 15~6세기 스페인이 라틴아메리카를 점령하면서 옥수수가 유럽으로 전파되고, 전세계로 퍼져나갔다. 지금은 밀 다음으로 많은 재배면적을 차지한다. 옥수수로 육식용가축을 키운다.

옥수수 도입으로 유럽 하층민의 식단은 옥수수로 변했다. 인디언의 지혜를 몰랐던 유럽인은 옥수수 위주의 식사로 필수 아미노산 니아신(니코틴산)부족현상인 펠라그라 병에 걸린다. 유럽의 팰라그라는 20세기에 들어서며 사라지지만 21세기에 아프리카에서 다시 나타난다.

세계적 권위의 김순권 박사가 아프리카 기아 퇴치를 위해 옥수수 재배 노하우를 전수하면서 주식이 옥수수로 바뀐 아프리카 사람들에게 피부병과 신경증이 발생하는 팰라그라 병이 번진 것. 이제는 팰라그라 병의 원인과 치료법도 알고 있는데 아프리카에서 팰라그라를 막지 못하는 건 발병이 옥수수에 있지 않다는 걸 말해준다.

문제는 토지소유의 집중에 있다. 토지소유의 집중은 농업노동자의 삶을 파탄나게 하고, 식단의 부실을 알면서도 막지 못해서 팰라그라 병에 시달린다. 그렇다면 팰라그라의 책임을 옥수수에게 물을 수 있겠는가. 세상일이 모두 옥수수의 억울함과 같다.

열심히 걸어 아스토르가(Astorga)까지 왔다. 꽤 큰 마을이다. 로마 지배의 유적이 남아 있는 곳이다. 아스토르가의 다른 이름은 astvrica avgvsta 이다. 라틴어가 아닌가 싶다. 발음 조차 잘 모르겠다. 마을 입구에 철제 레터링 구조물이 있길래 사진찍었다.

거의 대부분 순례꾼들이 아스토르가 공립 알베르게에 모였다. 나는 피곤해서 침대에 눕자마자 잠들었는데, 아이들은 마을을 돌아다니거나, 특히 태호는 한국인과 세계인이 함께 파티를 즐기는 지하 식당에서 오래도록 있었다. 태호에게 나중에 전해들었다. 삼겹살이나 각종 음식을 얻어먹었다고 말한다. 어른들이 보면 얼마나 기특하고 귀여웠겠는가. 좋은 경험이다.

아이들은 20㎞ 걷기를 부담스러워하지 않는다. 쉴 때 배낭도 내리지 않는다. 아이들의 적응력은 뛰어나다. 사실 어른아이 모두 그렇다.

라바날 11월 9일
20일차

산티아고에 가까워질수록

한국인 순례꾼이 늘어난다. 이미 얼굴 튼 사람도 있고, 처음 인사하는 사람도 있다. 하지만 동양인이다 싶으면 모두 한국인이다. 예외는 일본인 〈히로〉다. 젊은 청년인데 오사카에 산다고 하고 새로운 직업을 찾는 휴지기에 스페인을 찾았다고 한다. 중절모를 쓰고 다니는 모습이 한국인과 구분되는 특징이다. 한국인은 복장이 완벽하다.

오늘은 무려 22㎞를 걸었다. 어제처럼 손이 시려워 쩔쩔매지도 않았고 햇살도 잘 퍼지는 날이었다. 막판에 비도 오고 바람이 세차서 좀 힘들었지만 아이들은 불만 없이 잘 걷는다. 매일 20㎞ 미만으로 걷는다면 지구 한바퀴도 가능하지 않을까 싶다.

장거리를 걷다보니 태즈매니아에서 생활할 때보다 대화도 더 하고 분위기도 좋다. 태즈매니아 생활 없이 1년 동안 유럽과 남미 걷기 여행을 했다면 어땠을까 상상했다. 장단점이 있겠지. 비용은 비슷하지 않겠나 싶다.

내가 어제 순례꾼들에게 먹을거리를 선물하는 다비드에게 라면 세 봉지를 선물했고, 한 봉지를 한국인 중년여성이 들고 있다. 알베르게 부엌에서 삼양라면 한 봉지를 들고 냄비에 물을 올리는 사람은 일주일 전에 같은 알베르게에서 묵었던 분이다. 역시 예상대로 다비드에게서 선물 받았다고 한다. 선물의 선순환이라 기분 좋았다. 내가 받은 선물의 답례는 내게 선물을 준 사람에게 가지 않는다. 다른 사람에게 선물이 향하면서 세상은 좀더 풍요로워지는 법이다. 라면 한 봉지에 적용하기에는 민망하지만 말이다.

딸 때문에 양평으로 이사 가서 살다보니 아예 양평에 눌러앉았다고 하길래 "옥천초등학교에 보내셨군요"라고 말했다. "그걸 어떻게 아세요?"라고 반응이 돌아왔다. 어쩔 땐 내가 창문으로 도망친 100세 노인 같다. 살면서 많은 일을 겪었나보다. 내 의지와 관계없이 알아버린 일이 많다. 그래서 행복한 건

아니다. 그냥 팔자가 그렇게 됐다.

　비도 오고 바람도 부는데 도착한 목표 마을에 유일하게 문을 연 알베르게에 들어갔다. 5시 반이라 이미 도착한 세계 각국 순례꾼으로 북적인다. 사립 알베르게지만 유일하니 다 모인 것이다. 절반은 한국인이다.
　보아하니 식사도 팔길래 메뉴를 보여달라고 하니 한국인용 메뉴판을 내놓는 게 아닌가. 메뉴는 라면이다. 신라면 4유로, 신라면+김치는 6유로, 김치만 2유로, 밥 1유로라고 사진과 함께 나와 있다. 다른 음식은 없다. (다른 음식은 다른 버전의 메뉴판을 봐야 한다) 아이들은 선택이 불필요하다며 깔깔댄다. 라면 3개와 김치 한 접시, 밥 한 그릇을 주문하고 15유로 지불했다. 이미 먹어본 한국인 청년들이 김치에 대해 극찬을 한다.
　여기서도 아이들은 아이콘이다. 외국인들도 어디서부터 걷고 어디까지 가냐고 묻고 엄지를 치켜세운다. 오늘은 미국인이 우리 아이들에게 "챔피온"이라고 외친다. 좋은 일이다. 이제 태호도 어디서, 어디로 정도의 영어 질문을 알아듣는다.

　나는 올 1월 책을 한 권 펴냈다. ADHD아이들을 만나면서 적은 일기를 정리했다. 욕심에 우치다 선생에게 추천사를 받고 싶어 저자 서문을 일본어로 번역해서 보냈다. 우치다 선생은 장문의 추천사를 정성껏 써서 보내줬다. 우치다 선생은 내가 주장한 "아이들은 살기 위한 방향으로 의사결정을 한다"에 적극 공감했다.
　아이들은 매순간 판단의 기로에 선다. 그리고 어쩔 수 없이 선택을 한다. 아이들 입장에서는 선택을 강요받는다고 말해야 할 것이다. 그래서 종종 선택장애라는 신조어로 아이를 규정하는 어이없는 일도 일어난다.

생존에 유리한 방향으로 의사결정하는 건 당연한 일이다. 문제는 무엇을 '유리하다'고 판단하느냐에 있다. 판단의 오류가 아이들에게 고통을 준다. 의사결정의 주체인 아이는 살기에 유리하다고 생각한 건데 고통이 돌아오니 당황스럽다. 의사결정을 위해 최선을 다했다는 점에서 발달을 의심할 수 없다. 오히려 지적 과잉발달도 가능하다.

살기에 유리한 위치에 서기 위해 눈치 빠른 아이는 다양한 가면을 쓴다. 액면가로 말하면 거짓말에 능하다. 자연계에서 거짓은 생존에 필수적이다. 동물의 보호색이 대표적이다. 거미가 죽은 척하고 움직이지 않는 것도 마찬가지다.

태호가 처음 만나는 한국인 순례꾼에게 자신이 스페인 까미노를 걷게 된 사연을 설명할 때 과장과 왜곡이 심하다. 까미노에서 우리 아이들을 발견한 한국인 순례꾼들이 누구나 깜짝 놀라고 기특해하며 묻는다.

"아니 어떻게 여기서 걷는 거니? 힘들지 않아? 학교는 어떻게 된 거야?"(한국인에게 학교는 절대선이니까)

태호의 대답은 자신의 생존에 유리한 포인트가 기준이다. 즉석에서 시나리오를 짠다. 하지만 그 스토리가 가디언인 나를 매우 위험에 빠뜨릴 수 있다. 오늘 까미노에서 세번 째 같은 일을 당하니 불안감이 엄습한다. 기운 빠지는 일이다. 나야 단련되고 아이의 의사결정에 대한 깊은 이해가 있지만, 공교육 교실의 교사들이 이런 경우에 극복하기 어렵다. 태호와 진지하게 대화하고 털어버리기로 했다. 잊지 말아야 하는 건 아이는 자신의 판단이 자신을 위해 최선이라고 생각했다는 것이다. 세상에 '나쁜' 아이는 없다.

아이들 둘이 걷고 나는 한참을 앞서가는 경우가 많다. 아이들이 구체적으로 어떤 얘기를 나누면서 걷는지 알 수 없다. 어쨌든 아이들 대화는 끊이는 법이 없다. 아침에 눈뜨고 밤에 잠들 때까지 쉼 없이 이어진다. 대부분 깔깔거리는 웃음이 들린다. 가만히 보면 둘이 즉흥극을 무한정 이어가는 것이다.

즉흥극(impro)은 여러 함의를 가진다. 우선 내 곁에 파트너가 있다는 걸 확인해서 외롭지 않다. 단지 곁에 존재하는 사람이나 동물 친구가 있다고 의지가 되는 것이 아니다. 내 액션에 액션으로 반응을 보이는 존재가 필요하다. 액션의 핵심은 언어지만 비언어적 메시지도 못지 않게 중요하다. 아이들 경우 오히려 비언어 액션이 더 중요하다. 둘이 끊임없이 액션을 주고 받는다.

즉흥극은 내 의사결정을 촉진한다. 의사결정을 위한 과정은 매우 복잡하다. 그런 과정을 전문적으로 연구하는 학문이 있을 정도니까. 하지만 아이들은 자신도 모르게 복잡함을 뛰어넘어 파트너의 액션에 대응할 자신의 액션을 순간순간 결정한다. 이보다 더 좋은 훈련은 없다. 이보다 더 좋은 공부도 없다. 파트너를 동물(특히 말)로 삼은 특별한 커리큘럼이 동물매개치료(EAP)라고 보면 된다.

파트너 친구와 장시간 장거리를 걷는 것이 왜 중요한지 시하와 태호를 보면 알 수 있다.

폰세바돈 11월 10일

숙소에서 아침으로

라면을 먹고 천천히 출발했다. 불과 5km를 걷고 더이상 걷는 걸 포기했다. 계속 오르막이라 해발이 높아지니 비가 진눈깨비로, 폭설로, 눈보라로 바뀌고 도로에 눈이 쌓였기 때문이다. 눈이 내리는 날씨에도 못 걸을 정도는 아니지만 신발이 젖고 양말이 물구덩이에 빠진 상태가 되니까 걸을 수가 없다. 내 신발이야 매쉬소재라 당연한데, 시하 신발에 문제가 있다. 고어텍스 방수화인데 신발 속에 물이 든다. 밑창 접착면이 불량인 듯. 반면 태호의 양말은 보송보송하다. 정오부터 숙소에 들었다. 눈은 계속 내려서 상당히 쌓였다. 걸을 수 없어서 불편하고 불안하지만 창밖으로 풍경은 비현실적으로 바뀌었다. 아이들은 좋아한다.

시하가 걸으면서 질문한다.

"고추가 꺾여있지 않고 커져서 앞으로 밀고 나오는 건 왜 그런가요?"

"그런 일이 있구나. 크고 있다는 증거니까 걱정할 거 없다. 남자의 고추는 해면질 조직이라…. 주절주절…."

간단하게 알려줬다. 시하는 은근히 걱정됐나보더라. 자신의 몸에 대해서. 곧 5학년이 되는 나이니까 오줌 마려울 때 발기현상이 있는 게 자연스럽다.

구체적인 성교육이 필요하다. 아직 둘 다 이렇다할 성교육을 받지 못했다. 정자 난자 수준에서 알고 있는데, 전혀 도움이 되지 않는다. 사마천의 궁형이나 트랜스젠더 수술 등에 관심이 있고 아무리 살펴봐도 이성의 몸이나 사랑문제에 관심이 없다.

사람이 기계가 아니라 생후 개월 수에 따라 일어나는 변화가 정해진 것이 아니니 문제되는 건 아니지만 두 아이는 내가 자라면서 겪은 것이나 요즘 아이들의 패턴과 좀 다른 건 맞다.

나도 절대적으로 반대지만 4학년 후반부에 많은 초등 남아들이 포르노에 노출된다. (포르노는 아동 정신을 파괴한다고 생각한다) 초등 저학년조차 이성 친구를 사귀고 싶어한다.

반면 두 아이들은 진정 이성 친구에 대한 관심이 없다(고 보인다). 엄마와 여성을 구별한다. 신체적 특징이 여성이라고 피상적으로 알고 있지만 아이들에게 엄마는 여성이 아니다. 매우 안타깝지만 미소지니의 표현들을 따라하기도 한다. 물어보니 반 친구들이 흔히 쓰는 표현이라고 한다. 태호는 반 아이들의 정서에 대해서 파악하지 못한 듯 보인다. 태호에게 여성은 인지 네트워크에 포착되지 않았다. 젠더의 구별이 불가능한 상태다. 단지 성기의 돌출 여부에 따른 섹스의 구별만 있다.

센딜 멀레이너선의 〈결핍의 경제학〉에서 가난한 사람들의 지능이 낮다는 데이터를 소개한다. 이에 대한 해석이 결핍의 경제학적 성격을 드러내는 것이다. 지능이 낮아서 능력이 부족하니까 가난한 것이 아니라, 가난하면 생존에 매달리니까 지능이 발달할 겨를이 없었다는 거다.

결핍의 경제학은 한국의 아이들에게 적용할 수 있다. 어린 아이들이지만 사회적 요구 사항이 과중해서 과업충족에 급급하다보니 정신적/성적 발달이 일어날 겨를이 없다.

결핍은 돈이 없는 것만이 아니라 시간이 없는 것, 심리적 여유가 없는 것을 포함한다. 아이들의 경우 과업이 과중해서 심리적 여유가 없다. 발달이 지연되거나 왜곡되는 원인이다.

> "빈민가 아이들은 보육 시설에서부터 초등학교, 중학교를 전부 자기들과 같은 계급의 아이들에게 둘러싸여 공부하게 되며 자기보다 높은 계급에 속한 아이와는 친구가 될 기회는커녕 옷깃을 스칠 인연조차 맺지 못한다. 이는 위쪽 계급 아이들에게도 마찬가지인데, 그들에게 하층 계급이란 텔레비전이나 영화에서밖에 본 적이 없는, 현실 세계에는 존재하지 않는 사람들이다." - 26~38쪽 〈아이들의 계급투쟁〉 브래드 미카

코, 노수경 역, 사계절, 2019. 11. 5.

브래드 미카코는 영국에 거주하는 일본 여성이다. 아이를 키우는 이주 여성으로서 영국의 탁아소에 보육사로서 봉사활동을 하면서 보고 듣고 느낀 점을 서술한 책이다. 보수당이 집권한 후 공공복지지출을 줄인 결과 계급의 격차가 적나라하게 드러난 영국 상황을 말하고 있다.

한국에서 어린이에게 나타나는 계급의 문제는 위에서 말한 심리적 결핍이 심한 아이들과 여유가 있는 아이들의 차이로 드러난다. 부모의 자산소유와 심리적 결핍 유무는 동전의 양면처럼 연동된다. 하지만 예외적인 아이들이 있다. 경제적 여유가 있는 가정에서 심리적 결핍에 시달리는 아이가 있다는 말이다. 이 아이들이 훨씬 큰 고통에 빠진다. 계급 사회에서 존재와 물적기반의 모순이 주는 고통이다.

스페인도 밤이 흔한가 보더라. 밤을 까스타냐(castaña)라고 한다고 알베르게 주인 딸(로 보이는)이 알려준다. 벽난로에 팬을 올려서 구운 밤이 우리 토종밤맛이다. 5개를 까먹었다. 일찍 알베르게에 들어와 시간 여유가 많아서 생긴 일이다.

몰리나세카 11월 11일
22일차

　　　　　　　　　　네덜란드 할아버지를
다시 만났다. 기록을 찾아보니 비야르멘테로 지날 때 만났다. 열흘만이다. 당시 할아버지는 까미노를 반대로 걷고 있었다. 네덜란드 암스테르담에서 출발해서 산티아고까지 갔다가, 다시 거꾸로 집에 가는 길이라고 했다.(당시에 그렇게 이해했다) 내가 언빌리버블을 외치며 2000㎞를 걷는 거냐고 물었더니 씨익 웃으며 "그 이상!" 말했던 그 할아버지. 오늘 저녁 겨우 도착한 몰리나세카 한 레스토랑에서 맥주를 마시고 있더라. 왜 다시 산티아고로 걷는지 자세히 물어보지 못했다. 서로 영어가 짧다.
　암스테르담부터 걸은 건 확실하다. 가끔 어마어마한 장거리를 걷는 유럽인들을 만난다. 유럽 사람들은 복귀 날짜를 정하지 않고 걸어도 된다. 우리처럼 비행기 타는 날이 정해진 것이 아니고 유레일로 아무 때나 돌아가면 되니까.

　이태리 사람에게 물었었다. 옛날에 로마부터 산티아고까지 걸었다는데 지금도 가능한 길이 있냐고. 가능하단다. 다만 고생이 이만저만이 아닐 거라고 대답한다. 내가 알프스를 넘기 때문이냐고 되물으니까^(포에니 전쟁을 염두에 둔 질문) 잠잘 곳이 없어서 텐트를 지고 다녀야 하기 때문이라고 말했다.

　최장거리 걷기, 6개월 이상 걸리는 걷기여행이 어린이에게 가능할까. 우리 아이들 걷는 걸 보면 충분히 가능하다. 아이들은 걷기가 힘든 것이 아니라 스토리의 부족으로 힘들어한다. 사람들과 어울리며 즉흥적이고 신선한 스토리를 찾는다. 따라서 한국에서 전국 곳곳 시군구 지역을 돌면 1년도 모자랄 것이다. 리터러시 능력 개발을 위해 한국에서 전국 답사여행은 상상할만하다. 호주나 스페인은 테라피(therapy) 성격으로 방문한 것인데, 목적을 이미 달성했다. 이제 리터러시를 염두에 둔 여행으로 바뀌었다.

　하루 동안 다양한 성격의 길을 걸었다. 눈길도 걷고 마른 포장도로도 걷고 돌투성이길도 걸었다. 눈을 뭉쳐 장난하다가 걷고, 길고양이와 놀다가 걷고, 지들끼리 대본 쓰고 연기하면서 걷는다. 걷는 속도는 매우 느리지만, 한편으로 생각하면 어른들의 걷기 속도가 너무 빠르다. 아침에 출발할 때 도착지를 정해놓고 걷더라. 과연 정해진 마을을 향해 오로지 "도착"을 생각하며 걷는 게 무슨 의미가 있겠는가. 우리 아이들이 제대로 걷는 거다.

5시 반에 몰리나세카에 들어갔다. 메세타 고원을 통과했다. 이제 한 줄 지평선은 볼 수 없다. 몰리나세카는 폰페라다 가까운 곳에 있는 꽤 큰 마을이다. 이곳을 오기 위해 상당히 긴 내리막길을 걸었다. 내리막이라고 쉬운 건 아니더라. 알베르게를 찾았으나 두 마을 모두 겨울영업을 하지 않아서 부득이 몰리나세카까지 온 것. 고원지대에서 내려오는 길은 한국의 지형과 흡사하다. 산들은 늙어서 둥글둥글하고 사방이 바위와 깨진 돌멩이들이다. 북한산 걷는 느낌을 받았다.

여기저기 흑요석이 흔하더니 없던 지붕 모양이 보이기 시작한다. 지금까지 지붕은 구운 기와였는데 이제는 거의 돌지붕이다. 흑요석을 얇게 떼어내는 석판으로 지붕을 얹어서 마치 물고기 비늘처럼 보인다. 지역이 달라지니 날씨도 확 바뀌고 집과 성당의 지붕이 까만 돌로 바뀐다.

아침에 출발하고 1시간 정도 지나서 만하린(Manjarín)을 지나간다. 지명은 있는데 마을이라고 말하기 어려울 정도로 세 채 집이 있을 뿐이다. 카페로 보이는 곳이 있어서 들어갔더니 그냥 천막을 둘러놓았을뿐이다. 초라하고 허름하고 어두운 분위기…. 할아버지와 청년 둘이 지내는데 보아하니 "나는 자연인이다" 수준으로 살고 있다. 전기도 없어 보였다. 고양이와 큰 개 한 마리를 키우며 극도로 내핍 생활을 한다. 커피 한 잔 마시고 약간의 기부를 하고 나왔다.

바깥에 온갖 장식물이 있는데 세계 주요 도시와 국가의 거리가 표시됐다. 서울은 거의 1만 km란다. "1만 km나 멀어"도 있겠지만, "1만 km 밖에 안되나"일 수도 있다. 지구는 별로 크지 않다. 멕시코 9천 km인데 옛 스페인 사람들은 배로 이동하고 정복하지 않았던가. 아이들도 100km를 가깝다고 생각한다. 나는 여행의 가장 큰 변화가 거리 감각이라고 생각한다.

폰페라다 11월 12일

23일차

어제 알베르게 (스페인 산티아고 가는 순례길에서 묵는 게스트하우스)에 늦게 도착했다. 짐을 내리고 곧바로 인근 레스토랑에 가서 저녁으로 핏자를 먹고 들어왔다. 그때가 저녁 8시 경. 늦은 시간이라 아이들을 샤워장으로 들어가게 하고 잠시 침대에 누웠다.

한국인 젊은 여성이 내게 오더니 "선생님과 말씀 나누고 싶은데 잠시 시간을 내주시겠어요" 매우 정중했다. 내게 선생님이라고 부르는 건 내가 두 아이의 인솔자라는 걸 알고 하는 말이라 긴장됐다. 그래서 일단 확인할 수밖에 없었다.

"무슨 일로 그러시나요?"

"선생님이라 해서 여쭙고 싶은 게 있어요"

긴장을 풀고 얘기할 수 있었다. 아이들과 함께 까미노 걷기에 대해서 선생님 정체성의 나에게 조언을 구하려하는구나 생각했다. 하지만 그건 대단한 오해였다.

알베르게 2층에 로비 및 부엌이 있다. 대화 신청자는 그곳으로 가자고 했고, 자판기에서 커피를 뽑아 나에게 권했다. 그런 일련의 행동이 나를 안심시켰다. 외모로는 아이 엄마로 보이지 않았다. 30전후…. 디자이너 일을 한다고 했다. 그가 묻지도 않았는데 아이들과 먼 스페인에 와서 걷는 의도와 의미에 대해 풀어놨다. 내 말을 묵묵히 듣고는 예상 못한 말을 꺼낸다.

"저는 생장부터 걸어왔는데, 가족 단위로 걷는 건 봤지만 선생님이 인솔하는 건 처음 봐요. 까미노에서 한국인 이미지가 나빠요. 호텔이 아닌 알베르게는 최대한 남에게 방해되지 않도록 행동해야지요. 아이들이고 인솔자가 부모 아닌 선생님이니까 더욱 잘 교육해야 한다고 생각해요."

적지 않은 충격을 받았다. 정중한 충고를 듣는 동안 마음이 요동치고 얼굴이 달아올랐다. 한국인 젊은 친구의 조언은 전적으로 동의하고 나도 예민하게 체크하는 내용이다.

아이들이 레스토랑에서 돌아와 문을 열고 지정 침대로 가는 동안과 샤워장으로 들어가는 짧은 시간에 룰루랄라 떠든 게 조언자에게 거슬렸을 것이다. 들어보니 한국말을 하는 아이들이고, 인솔자 어른에게 '선생님'이라고 부르는 걸 들은 게 다다. 당시 알베르게에 조언자 한국인 여성과 프랑스 노부부와 캐나다 아저씨 한 명이 있었다. 캐나다 아저씨는 구면이다. 눈보라 치던 날 같은 알베르게에서 묵었었다. 프랑스 노부부도 길 위에서 인사를 나눈 인연이 있었다.

정중한 충고는 틀린 말이 아니지만 감정적으로 일단 많이 억울했다. 아이들이 복도를 지나는 동안 목소리가 도미토리 스타일 공간에 퍼졌을 것이지만 짧았고, 시간이 8시였기 때문이다. 모두 취침에 들어 움직임과 소리를 최소화해야하는 시간은 아니었다.

걷기 시작한지 3주가 넘었지만 그동안 지적 받을 일도 없었고, 지적 받은 적 없었다. 그런 아이들 태도에 고맙고 심지어 감동까지 하고 있던 참이다. 정중하게 충고를 들은 것이 민망하고 창피하다는 생각이 먼저 올라왔다. 10년 전이라면 나는 적극 반박했을 것이고 조언자와 다투고 감정이 상했을 수 있었을 것이다. 그러나 가슴을 누르고 조언에 고맙다고 인사했다. 아이들은 샤워 후 매트에 누워 바로 잠들었다.

불 꺼진 잠자리에 누워서 곱씹어 생각했다. 내가 이런 정도면 '조언'을 수없이 듣는 부모(한국적 상황은 거의 엄마가 짐을 감당한다)의 마음은 어떠할까. 조언이나 충고를 할 수 있는 조건이 있다. 듣는 이의 무거운 짐을 함께 나누겠다는 각오가 있을 때만 가능하다. 나의 조언이 상대에게 큰 상처가 될 수 있다.(거의 그렇다)

내가 반박하지 않은 건 한국인의 명예를 위해 주저 없이 조언해야한다고 생각한 것이 그의 진심이라고 생각했기 때문이다. 동의할 수 없지만 진정을 가지고 정중하게 말하는 상대에게 내가 느끼는대로 조언할 수 없는 노릇이다. 충분히 그럴 수 있으니까. 그럴 수 있다.

독일인 청년 맥스를 만났다. 오늘로 1200㎞를 걷고 있다고. 프랑스 어느 지점부터(들었는데 기억 못한다 ㅠ) 걷고 있다고 말하고, 산티아고 가는 까미노는 이번이 세 번째란다. 직장을 그만 두고 또 다시 걷기 시작했단다. 직업이 뭐냐고 물으니 woodworker라고 했는데 처음에 못 알아들었다. carpenter냐고 되물으니 "바로 그거!"라며 확인해준다. 산티아고 이후에 포르투갈로 넘어가 계속 걷고 싶다고 한다.
 포르투갈 까미노도 매력적이다. 특히 음식이 저렴하고 한국적이다. 나도 영원히 걷고 싶다…. 뭐 이런 생각이 들었고~ 맥스가 말하길 이제 목수는 사양길이란다. 젊은 사람들은 IT로 진출하고 목수하겠다는 어린 친구들이 거의 없다고…. 특히 목수 급여가 갈수록 줄어들어서 피하는 직업이 됐다고 말한다.
 "그러니 맥스 당신도 새로운 직업을 찾을 건가요?"
 "노…. 내 심장은 목수를 자랑스럽게 생각해요. 사는데 돈이 중요한 것은 아니죠. 저는 평생 목수로 살 겁니다"
 한국에서 독일제 헤팰레 목공기계를 선호한다고 말하려는데 '헤'자만 생각나고 더이상 생각나지 않았다.

 거지로 보이는 현지인을 만났다. 이름은 스티브. 거대한 헝겊 보따리를 들고 샌들을 신은 채 걷다가 쓰레기통을 만나면 꼭 뚜껑을 열어본다. 쓸만한 옷가지를 꺼내서 담장에 걸쳐놓는다. 당장은 보따리가 무거우니 나중에 가져가려는 의도로 보였다. 우리는 '거지'라는 말로 스티브의 정체성을 규정했다.
 시하가 자기 배낭에 있던 초콜릿을 꺼내서 가까이 가서 스티브에게 권했다. 그는 시하의 초콜릿을 정중히 거절하고 시하를 가볍게 안아줬다. 내가 가까이 가서 말을 걸었다. 그는 코리아냐고 물었고, 그렇다고 대답하니 "안녕하세요"하며 우리말로 인사한다. 자신은 서울 부산 제주도에 갔었고, 한국은 아름다운 나라이며 특히 제주도를 잊을 수 없다고 말했다. 초콜릿 선물은 고맙지만 먹을 건 자신이 얼마든지 구할 수 있다고 말하고 고맙다고 덧붙였다.

스티브 때문에 시하가 왜 멀쩡한 사람이 일하지 않고 거지가 된 거냐고 질문했다. 대답하기 쉽지 않았다.

"일한다는 건 노동한다고도 말하는데, 인간의 노동은 창조의 과정이라고 할 수 있어. 농사를 지어도, 건물을 지어도, 그림을 그리거나 소설을 써도 모두 창조의 과정이지. 거리를 청소해도 그렇고…. 학생을 가르치는 일도 마찬가지야. 그런데 자신의 노동이 제대로 평가받지 못하거나 심지어 모욕을 당하면 의지가 꺾이거나 의욕을 완전히 잃을 수가 있단다. 어린 학생들도 마찬가지야. 학습의욕을 잃고 학습에서 멀어진 경우도 자신의 존재에 대해 모욕감을 느꼈기 때문인 경우가 많아. 누구라도 무시당했다고 생각되면 그 과정에서 멀어지는 법이야. 스티브도 노동과정에서 빠져나와 노숙자의 길을 가는 사람일 거야. 따라서 우리가 함부로 무시해서는 안되고, 초콜릿을 거절한 것은 자신의 존엄을 지키기 위한 몸부림이라고 느꼈어. 시하에게 고맙다는 말을 거듭하더라."

태호도 한마디 거들었다.

"잘 생기고 똑똑한 거지도 있네요…."

옷만 잘 걸치면 배우해도 되는 얼굴이더라.

몰리나세카 지명 때문에 '몰리나 퍼지나'놀이를 창조해서 논다. 하는 짓이 귀여워 카메라에 담았다.

몰리나세카 마을에 스페인-일본 교류 400주년 기념비가 있더라. 400년이라…. 1613년에 일본은 스페인에 사절단을 보낸다. 사절단은 스페인만 간 것이 아니라 유럽 전역을 돌았다. 일본이 1592년에 임진왜란을 일으키기 전에 포르투갈에서 조총을 수입한 것은 잘 알려진 일이다. 한국도 하멜이 제주도에 표류하기 60년 전인 1593년에 스페인 신부 세스페데스가 창원에 들어와 1년 가량 머물렀다는 기록이 있다. 2015년 창원에 세스페데스를 기념하는 조형물을 세웠다.

임진왜란의 참화는 조선 왕권의 급속한 몰락을 가져왔고, 일본은 더욱 유럽과 교류를 넓히는 계기가 되었다. 400년 전 세계는 근대적 국가의 개념이 처음으로 생기기 시작했다. 일본은 유럽의 앞선 문물을 받아들였고 조선은 병자호란 이후 청나라의 사실상 속국으로 쇠락의 길을 걸었다는 걸 강조하는 게 아니다. (팩트의 해석에서) 다만 조선은 일본과 달리 근대국가의 개념을 모르고 살았고, 식민지가 되면서 일본에 의해 왜곡된 국가관이 이식됐으며, 특히 근대국가가 해체되는 시기에 (유럽연합이 대표적) 한국의 극우들은 400년 전 근대국가 개념을 이제야 강조하고 있는 상황을 직시한다.

노인네의 몽니로만 볼 것이 아니라, 태극기를 들고 휘젓는 무리들은 근대국가의 프레임으로 한국사회를 퇴행시키는 의도성이 있다. 당연히 태극기 극우의 컨트롤타워가 있다. 근대국가의 해체를 막는 시도는 미국의 역할이기도 하다. (브렉시트의 배경도 미국이다. EU가 싫은 거지) 미국이 아랍민족국가의 단결을 두려워하기 때문이다. 태극기 극우가 성조기와 이스라엘기를 들고 나오는 건 우연이 아니다. 보이지 않는 손이 노인들에게 태극기, 성조기, 이스라엘기를 세트로 쥐어준 탓이다.

폰페레다에 대형 까르푸 매장이 있다. 예전에 상암동 월드컵 경기장에 까르푸가 문을 연 것처럼 폰페라다도 스타디움에 까르푸를 비롯하여 거대한 현대식 시장이 형성됐다. 폰페리다 7만 명 인구에 비하면 엄청난 규모다.

까르푸는 크리스마스 분위기가 한창이다. 생수와 우유, 천연 오렌지 주스와 일본식 라면 여러 개를 사니 부피와 무게가 상당하다. 시내를 관통하는 버스를 타고 이동했다.

버스가 초등학교를 지나길래 창밖으로 보니 운동장이 온통 시멘트바닥이다. 아이들이 줄넘기도 하고 필드하키를 하면서 체육수업 한다.

카카벨로스 11월 13일 24일차

 **아침 8시에 걷기 시작하려고**
밖에 나왔더니 길이 젖어있다. 스페인은 신기하게도 밤에 비가 오고 아침이 되면 개는 경우가 많다. 작년 봄에도 거의 그랬다. 서쪽으로 갈수록 분명한 날씨의 특징이다. 이제 곧 카스티야 지방을 지나 마지막 갈리시아 지방에 들어간다.

하늘에 뜬 둥근 천체가 해인지 달인지 잠시 헷갈렸다. 서쪽 땅 아래로 내려가기 직전의 보름달이었다. 사진으로는 다르게 보이지만 맨눈으로는 태양처럼 보였다. 어차피 강렬한 붉은 달빛은 태양빛의 반사인 걸….

아이들이 갑자기 제안했다. 까르푸에 다시 가보고 싶다고 한다. 왜? 가지고 싶은 게 있는데 눈으로라도 담아오고 싶어요…. 그 말에 말릴 수가 없었다. 까르푸는 걸어서 30분 거리에 있다. 길이 매우 단순하다. 지도를 보여주고 잘 찾아가고 잘 돌아오라고 말했다. 나는 여기서 짐 지키며 기다리고 있겠다고 했다. 아이들은 5유로를 받아들고 씩씩하게 사라졌다. (5유로는 군것질값)

묵었던 알베르게가 함께 운영하는 bar가 문을 열길래 들어가서 기다렸다. 밀린 일기도 쓰고 커피도 마시니까 행복하다. 아이들은 약속한 11시를 지나 11시40분에 돌아왔다. 5유로를 그대로 가져왔다. 만족한단다. 그럼 됐지. bar에서 핫초코 한 잔씩 마시고 출발한다.

까르푸에 간 아이들을 기다리는데 등 뒤에서 한 청년이 휙 지나간다. 내가 반대편을 바라보고 이어폰을 끼고 있어서 청년이 다가오는 걸 모르고 있었다. 지나간 뒤에 보니 그의 배낭은 태극기로 망토를 걸치고 있는 거다. 너무나 선명하고 반듯하게 붙들어 맸다.

작년 올해 통틀어 두 달 동안 태극기 또는 자국기를 배낭에 붙이고 걷는 순례꾼을 본 적이 없다. 최근 배낭에 붙은 태극기를 두 번 목격한다.

번거로운 설명대신 일본인이 일장기를 배낭에 붙이고 걷는다고 생각해보자. 미국인이, 중국인이 성조기와 오성홍기를 붙이고 걷는다고 상상하면 어떤가. 배낭의 주인이 국기를 통해 발신하고 싶은 강렬한 메시지가 있다고 생각할 수밖에 없다.

한국 청년은 무엇을 발신하고 싶은 것일까. 그건 애국심의 발로인가. 알 수 없다. 하지만 걱정스러운 상상이 든다. 국경으로 구별되는 피플의 얼굴이 아니라 국기라는 기호로 사람들의 면면을 대신하는 것이 아닐까 걱정한다. 나는 한국 청년들에게 전체주의가 부활하는 게 아닐까 걱정하는 것이다.

또 나왔다. 이태리 여행 타령. 이번엔 터키 아이스크림이 발단이다. 태호가 나비축제를 꺼냈고, 시하가 반딧불이 축제 때 먹은 터키 아이스크림 돈두르마 레시피를 읊었고, 내가 시하의 다양한 상식에 혀를 내둘렀다. 태호가 다시 케밥을 거론하면서 터키가 어디냐고 물었고, 그리스 옆에 있다고 하니 터키에서 유명한 게 무엇이냐고 재차 물었다.

터키는 관광산업이 발달했고 한국과도 각별한 관계라고 말했다. 터키에 가면 어디가 유명하냐고 물어 카파도키아와 파묵칼레를 소개했다. 카파도키아 안에 호텔도 있다고 하니 꼭 가고 싶다고 아이들이 입을 모은다. 얘기는 터키와 한국의 관계, 우리말과 어순이 같은 터키어, 아시아 국가인 터키는 사실상 유럽의 일부라고 지리적 상식을 거론하는 걸로 확대됐다.

결정타는 카파도키아와 파묵칼레 사진을 구글에서 찾아 보여준 거다. 아이들은 흥분했다. 가자! 터키로~ 이런 분위기가 되더니, 이태리-그리스-터키를 묶어서 여행을 하자는 거다. 호주에 있지 말고 스페인 이후 유럽여행, 그것도 이태리-그리스-터키를 한달 반 가량 여행한다는 것이다. (내가 "그럼 적어도 한달은 여행해야지" 하고 말해서 나온 제안이다) 터키 얘기 도중에 화제가 폼페이 베수비오 화산 폭발로 갔다가 최근 베네치아 홍수로 갔다가 관광산업 외에 특별한 산업이 발달하지 않은 그리스 얘기로 왔다갔다 했다. 그래서 남부 유럽 3국이 아이들의 여행지로 묶인 것. 여행경비를 어떻게 하냐고 물었다.

"우리집 잘 살아요. 울 엄마아빠가 여행비 줄 거예요"

그건 아니라고 정색을 하고 말했다. 니들이 커서 일해서 번 돈으로 여행하라고 했다. 아이들이 수긍한다. 좀 놀라웠다. 무조건 떼쓰지 않는다.

한참을 걷는데 천막 수준의 가건물이 나오고, 할아버지 한분이 커다란 개와 함께 앉아있는 거다. "올라"하며 인사를 했더니 들어왔다 가라는 거다. 아이들은 30미터쯤 뒤에 있었다. 할아버지는 내가 혼자 걷는다고 생각했다. 와인 한 잔 마시고 가라고 하길래 살짝 눈치를 보다가 고맙다고 인사하고 화이트와인 한 잔 받았다. 할아버지 외로움을 느꼈기 때문이다. 뒤이어 우리 아이들이 "올라" 인사하며 들어오니까 할아버지 눈빛이 달라진다. 벌떡 일어나며 한국인이냐고 묻는다. 가족이냐고. 복잡한 설명을 피하려고 패밀리야라고 대답했다.

그랬더니 스맛폰에서 사진을 꺼내 보여준다. 자기 아들이라고…. 한국의 경제신문에 아들 사진과 함께 소개 기사가 있다. 할아버지 아들이 세계적인 담배 에이전시 jti의 한국지사장이란다. 며느리는 한국인이고 9살 손자도 있고 서울에서 살고 있다고. 그러면서 우리 아이들 볼에 뽀뽀를 하고 먹을 것도 준다. 손자 사진도 꺼내서 보여준다. 피붙이에 대한 그리움이 확실히 전해진다. 충분히 이해가 되더라.

우리 아이들을 한쪽 구석으로 데리고 가더니 종이에 한글로 쓴 손글씨를 보여준다. 자기 아들 며느리 손자가 서울에 살고 있다고 씌여있다. 그래서 할아버지와 우리 아이들 기념사진도 찍었다. 지나가는 소리로 서울에 가서 아드님에게 사진을 보여주겠다고 말했다 (파파고 번역기 의존) 고맙다며 좋아하신다.

할아버지 천막에서 나와서 걷는데 시하가 말문을 먼저 열었다.

"사장이면 돈이 많겠죠. 아들 회사에 찾아갑시다"(지사장이라니까 그냥 사장으로 입력된 거다)

"어? 사실 나도 그런 생각을 했는데…."

"가서 사진을 보여주면서 우리의 요구사항을 말해보죠."

"어? 사실 나도 그런 생각을 하고 있지…."

"당신 아버지 사진을 보여주었으니 우리에게 돈을 내놓으시오-하자구요"

태호도 맞장구를 친다.

"뭐?! 돈을? 그 생각이 아닌데…. 왜 돈을 달라고 하는 거지?"

"그야 이태리 그리스 터키 여행을 하려면 돈이 필요하잖아요"

"푸하하하~ 역시 시하야. 대단해. 단단한 대○리!"

사실 속으로 많이 뜨끔했다. 혼자만의 생각이지만 jti코리아에 일자리 하나 달라고 해볼까, 내가 잘 하는 일이 있다고 하면서…. 이런 생각을 재미로 했었다. 상상이야 뭘 못하겠어 했는데, 시하가 한 수 위다. 상상이니까 더 과감해야 하는데 말이다. 그런데 jti 코리아 많이 들은 이름이다. 뉴스에 자주 등장한 덕이다. 좌우간 아이들 덕분에 많이 웃었다.

간식으로 핫초코를 시켜먹는데, 아이들끼리 즉흥극을 하는게 연기력이 제법이다. 그래서 제안했다.

"선생님이 진지하게 제안하는 거야. 혼자 하는 연극을 부르는 말이 있어. 뭔지 알아?"

"마임이잖아요"(시하)

"그건 대사 없는 연극이야. 혼자 하는 연극을 모노드라마라고 해. 그런데 너희 둘만 출연하는 연극을 해도 훌륭한 공연이 되겠어. 연기력이 아주 뛰어나. 둘 다 말이야"

"아! 월급이 얼마인가요?"(태호)

"유료공연을 해도 성공할 거야. 전국 순회공연을 하자. 그럼 일년에 수백 만원을 벌 수 있을 거야"

"그럼 당연히 해야죠. 그걸로 이태리-그리스-터키 여행해야지"(태호)

"저는 사양하겠어요. 제가 유치원 때 심청전 심봉사 역을 했어요. 잘한다는 칭찬을 받아서 기분은 좋았지만 연습하는 게 아주 힘들었어요. 다시 하고 싶지 않아요"(시하)

"공연을 하려면 성인 프로 배우들이 두 달을 빡세게 연습한다. 연습이 힘들지 당연히. 그래도 다시 한번 생각해봐. 아주 센세이션한 연극이 될 거야"

공연합의는 못했고 5월에 춘천마임축제에 데려가기로 약속만 했다. 마임을 배우고 싶다나….

고추장 오삼불고기는 한국인 순례꾼에게 얻은 것이다. 햇반에 고추장을 가지고 다닌다. 연세가 좀 있는 분들이다. 무거워서 햇반을 어찌 가지고 다니시냐 물으니 자신들은 짐을 대절한 차에 싣고 다닌다고 한다. 그런 프로그램 상품이 있다고. 음…. 왜 한국인이 많은지 알았다. 단체 관광상품으로 판매하는구나. 아이들은 너무 맛있다며 함박웃음을 짓는다. (차량은 짐만 싣고 따라 다닌다)

비야프란카델비에르소

25일차
11월 14일

비가 문제다.

중학교 사회 시간에 배운 지중해성 기후가 이런 거구나 체험한다. 여름보다 겨울에 강수량이 많다더니…. 여긴 지중해보다는 대서양에 가까운데, 위도가 높아도 (43도) 크게 춥지 않고 겨울 강수가 많다. 날씨 앱은 앞으로 일주일 계속 비 소식이다.

비가 와도 바람이 없으니 걸을만하다. 다만 우비와 신발이 적절해야 한다. 돈 아낀다고 방수트레킹화를 준비하지 않았더니 낭패를 본다. 작년 봄에는 비 때문에 곤란한 일이 없어서 이번에도 걱정을 안 했더니만 겨울 까미노는 가장 중요한 게 신발이란 걸 알았다.

오히려 겨울비를 즐기며 걸을 수도 있겠다. 판초에 떨어지는 빗소리를 들으면 새로운 세상으로 들어가는 느낌이다. 다만 바람이 심하면 다

무용지물이다.

카카벨로스에서 비야프란카까지 걸었다. 고작 2시간40분만 걷고 비야프란카에서 멈춘다. 정식 명칭은 비야프란카델비에르소. 부르고스 이전의 비야프란카몬테스데오카(Villafranca Montes de Oca)에서 묵은 적이 있기에 비야프란카 이름이 낯설지 않다. 아마도 비야+프란카 조합의 이름이지 싶다.

판초를 쓰고 쉬지 않고 걷다가 만난 첫 쉼터로 비야프란카델비에르소 마을 bar에 들어갔다. 처음으로 시하와 태호가 따로 걸었다. 시하는 빠르게 걸어서 태호와 간격을 유지했다. 태호도 굳이 시하를 따라잡으려 하지 않고 묵묵히 걷는다.

그동안 늘 둘이 끊임없는 수다를 떨면서 걸었는데, 혼자서 걸으며 무슨 생각을 했을까. 다른 사람의 생각을 절대 알 수 없다는 게 인간의 한계이자 매력이다. 전기감전사고 이후 여자들 속마음을 알 수 있는 능력을 가진 멜 깁슨이 겪는 에피소드를 소재로 한 영화가 있었다. 기억에 여자 감독 작품인데, 성별을 떠나서 남의 생각을 알 수 있다면 인류는 애시당초 멸종했을 것이다. 알 수 없으니 알 수 있다고 광고하는 이들이 모든 시대에 존재했다. 무당이기도, 절대권력자이기도, 스토리텔러이기도 했고 지금은 심리상담가 간판을 달고 있다. (심리상담가가 독심술사라는 건 아니다. 누군가 시비걸까봐 미연 방지!)

나 또한 마치 독심술을 하는 듯 치장을 하기도 했지만 시간이 흘러 생각해보니 실수가 많았다. 반성하고 사과할 일이다.

멜 깁슨의 〈What Women Want〉도 여성 독심술 때문에 주인공 남

자는 파멸한다. 영화가 로코라 부드러운 파멸이고 결국 사랑을 찾는다는 결말이지만 "난 네 생각을 알고 있지"식의 구성은 호러 장르일 수밖에 없다. 그런 세월을 산 탓에 최근 연속으로 악몽을 꾸다가 괴로워하며 깨는가보다.

바르에 들어가서 약간의 시간이 흐르고 시하가 혼자 걸으면서 어떤 생각을 했는지 알았다. 언젠가 내가 말하길 비야프란카에 가면 한국인이 운영하는 알베르게에서 비빔밥을 먹을 수 있다고 말했나 보더라. 나는 비야프란카라고 했는지 기억에 없다. 다만 한국인이 운영하는 오리온 알베르게가 있는데, 거기서 10유로에 한국식 고추장 비빔밥을 판다고 말했던 건 사실이다. 작년에 내가 오리온 알베르게에서 묵었고 비빔밥을 먹었다. 아직 오리온 알베르게를 만나지 못했으니 언젠가는 나올 것이고, 이제 갈리시아 지방으로 넘어가려고 하니 곧 오리온 알베르게가 나올 거란 얘기를 여러 차례 했다. "오리온 언제 나와요?" 질문을 여러 번 받아서 대답도 여러 번 했던 것. '곧'이 비야프란카에 오리온 알베르게가 있다고 와전되고, 시하는 비빔밥을 먹을 수 있다는 기대에 빠르게 걸었던 것.

그러니 비극은 시작됐다. 말 그대로 가슴 저린 드라마의 '공연'이다. That's 메소드~!! 작년 페북을 뒤져서 우리가 벌써 오리온 알베르게를 지나온 걸 확인했다. 오리온 알베르게는 카스트로헤리츠에 있었던 것. 우리가 카스트로헤리츠에서 묵었는데 오리온 알베르게를 몰랐던 건 택시로 카스트로헤리츠 공립알베르게로 곧바로 이동했기 때문이다. 점심을 먹고 시하가 더이상 걸을 컨디션이 아니라고 해서 택시를 불러 카스트로헤리츠로 점프했기 때문에 오리온을 만나지 못했다.

그런 상황을 설명하니까 시하는 절망에 빠졌다(빠진 것으로 보였다). 까르푸에서 장을 보면서, 장 본 음식 다 먹을 때까지 매식 없다고 선언했지만, 밖에는 비가 오고 남의 바르에서 음식 꺼내 먹을 수도 없는 터…. 더구나 엎드려 절망감을 표현하는 시하에게 과자와 우유로 끼니를 때우자고 하기에 미안한 마음도 있어서 음식을 주문했다. 핫초코는 이미 한 잔씩 마신 뒤였다.

리조또 식감이 한국쌀 씹는 느낌이고, 토마토 스파게티도 한국에서 먹는 맛이지만 시하는 엎드린 자세를 바꾸지 않는다. 눈치만 보던 태호가 거든다. "다시 브로콜리로 가는 건 어때요…." 부르고스를 늘 브로콜리라고 부르는 태호는 카스트로헤리츠가 부르고스 근처라는 건 알고 있기 때문에 그렇게 말한 것. 300㎞는 될 텐데…. 시간과 비용 모두 불가능해. 이렇게 대답하니 엎드린 채 시하가 레온에서 고추장 팔았잖아요 한다. 고추장이 없어서 한국식 비빔밥을 만들 수 없다고 말하니 대안을 제시한 거다. 이쯤되니 슬그머니 부아가 치민다. "어쩌라고~"

비는 굵게 내리고 시하가 엎드려 있으니 바르에 오래 머물렀다. 바르 벽에 사진이 액자에 넣어져 장식됐다. 처음에 점토 인형을 찍은 것으로 봤다. 사람 두 배 키의 거대한 인형의 얼굴임을 알았다. 축제에 사용하는 인형이다. 더 알아보니 500년 전통의 스페인 9월 축제로서 중세시대를 재현하는 큰 행사라고 한다. 매년 9월 첫 토요일에 열린다고…. 축제 참가자는 중세 복장의 코스프레를 해야만 한단다. 축제 이름은 〈Feira Franca〉

시하가 몸을 일으키더니 "그만 갑시다" 하면서 배낭을 멘다. 눈에서 눈물이 주르륵 흘려내린다. 이거 엄청 웃긴 상황인데 차마 웃을 수 없다. 거의 인권침해 사건으로 비화될 수 있으니까.

"저녁으로 맛있는 걸 먹는다면 어느 정도 회복되지 말입니다"

지가 유시하지 유시진 대위야 뭐야…. 송중기 말투라니! 사실 뿜을 뻔했는데 시하가 얼마나 무안하겠는가. 참았다. 아직도 시하 눈에 눈물이 걸려있다. 눈꺼풀을 닫으면 10밀리리터는 뚝 떨어질 거다.

"알았다. 비록 돈은 다 떨어졌지만 이 마을에서 묵고 저녁은 정식 레스토랑에서~"

그런데 문을 연 알베르게가 없다. 이 마을은 카스티야 왕국 시절 철옹성도 남아 있고, 규모가 꽤 큰 마을이다. 알베르게도 대 여섯 군데인데 모두 문을 닫았다. 아이들을 지붕 있는 정류장에서 기다리라고 하고, 빠르게 움직이려고 판초 없이 뛰어다니며 알베르게를 알아봤다. 없다. 유일하게 문을 연 알베르게는 마을 초입에 있었다. 700미터는 되돌아가야 한다. 비는 계속 내리고…. 그래서 까미노 처음으로 오스탈(hostal; 호스텔)에 들어갔다. 비싼 만큼 시설이 좋다. 침대에 앉아보니 라텍스 매트다.

"여기는 라텍스를 쓰네. 그때 말했던 라텍스 매트야. 누우면 편안함을 느낄 수 있지"

둘이 신나서 매트에서 펄쩍펄쩍 뛴다. 그럴 수도 있지. 내버려뒀다. 오스탈에 우리만 있다. 뜨거운 물에 발을 씻으니 살만하다.

"선생님, 오스탈에 들어와서 비빔밥 아쉬움이 상쇄됐어요. 고맙습니다"

말이나 못하면…. ㅋㅋㅋ 컨펌까지!

"아시죠. 약속했지 말입니다. 저녁은 레스토랑 스테이크입니다"
이로써 마지막 남은 50유로 지폐까지 탈탈 털었다.

애네가 징그러운 나이가 아니고 이제 초4라서 항상 귀엽다. 잠깐 내 아들이면 어땠을까 생각해본다. 절대 이만큼 친절하지 않았을 거다. 그게 문제다. 내 아들딸을 남의 집 아들딸처럼 대해야 한다 (뒤늦은 깨달음) 자존심 상하지 않게 눈치도 보고, 혈육 아닌 듯 냉정하기도 하고…. 그게 올바른 부모의 자세가 아니겠는가. 나도 내 아이들에게 냉정하지 못했다. 손주들에게는 다르게 할 생각이다. "손주가 생길 일이 있을지 모르지만 말입니다^^"

트라바델로 11월 15일

이제 비는 운명이다.

산티아고까지 비와 함께 걸어야할 듯. Bar에서 만난 한국인 대학원생도 시하와 같은 브랜드 고어텍스 방수 트레킹화를 신었지만 발이 다 젖었다고 했다. 망사운동화를 신은 내 발보다 시하 발이 더 젖었다. 그렇다면 '아ㅇ더' 브랜드 제품은 욕을 먹어야 한다.

베가 마을을 7㎞ 남기고 트라바델로 마을에서 묵는다. 충분히 베가에 갈 수 있고, 베가에 다양한 알베르게가 있지만 내일 오후 태호 아빠를 베가에서 만나서 자야하기 때문에 11㎞만 걷고 트라바델로에서 알베르게에 들었다.

트라바델로는 매우 작은 마을이지만 까미노 순례길이 지나가기 때문에 여러 알베르게와 바르가 있다. 겨울이라 알베르게 한곳만 문을 열었다. 관리자가 수사 필이 나는데 매우 친절하다. 나무와 숯을 때는 난로가 특이하다. 화덕과 보일러 역할을 함께 한다. 저녁이 되니 비가 눈으로 바뀌고 기온이 0도로 내려간다. 해발이 600미터로 비교적 높은 지대라 그렇다. 나무를 때서 라디에이터에 더운 물을 보내니 그나마 견딜만하다.

알베르게에서 100미터 떨어진 바르는 문 바깥 칠판에 한글로 또박또박 "라면을 잘 끓여요. 밥과 김치도 드려요"하고 써있지만 영업하지 않는다. 두번 째 찾아갔더니 내일 오전 10시부터 영업한다고 말한다. 아이들 실망이 크다. 덕분에 폼페라다 까르푸에

서 장 본 걸 오늘에야 다 먹었다. 내일부터 비닐 봉지를 들고 다니지 않아도 된다. 달걀과 컵라면 부피가 커서 배낭에 넣을 수 없기에 며칠째 들고 다녔다.

걷는 도중에 페레헤(Perexe) 마을의 유일한 바르에 들어갔다. 비도 피하고 몸도 녹일 겸 핫초코 한 잔씩 마셨다. 여기는 순례꾼이 아니면 이용할 사람이 없다고 봐야한다. 민가가 4~5채 정도. 이미 여섯 명 정도가 테이블을 둘러 앉아 시끌벅적하다. 모두 20대로 보인다. 한국인 청년도 한 명 끼여있다. 나머지는 유럽인으로 보인다. 이 친구들이 독주를 스트

레이트로 여러 잔 마셔서 흥이 오를대로 올랐다. 게임에 진 젊은 여성이 바지를 내리는 벌칙을 수행해서 순간 당황했다. 등산복 팬츠 안에 레깅스를 입고 있었다. 함께 노래를 제창하기도 해서 바르 분위기가 아슬아슬했다.

태호가 구경하다가 분위기에 덩달아 흥분한다. 내가 살짝 인상을 쓰니까 태호도 현재 상황을 부정적으로 보게 된 것이다. 검지와 중지로 V자를 만들어 자신의 눈을 찌르는 시늉과 상대방 눈을 찌를 듯한 동작을 번갈아한다. 어디서 본 건 있다. 태호는 애교지만(평소에 나에게 하듯이) 제3자가 보기에 명백한 도발이다.

깜짝 놀라서 행동을 그만두게 하고 낯선 사람에게 그런 행동을 하면 매우 위험한 일을 당할 수 있다고 얘기했다. 태호에게는 좋은 경험이다. 험한 세상이지만 태호로서는 알지 못한다. 술 취해 흥분한 외국인 청년들이 앞에 있으니 내 잔소리가 효과적으로 태호에게 각인되었을 거다.

특히 중학생들에게 장난이라고 생각한 행동이 엄청난 폭력 피해를 당할 수 있다고 조심시켰다. 동네에서 형 아우 서열을 경험한 적이 없어서 무서운 걸 모른다. 어쩌겠나. 이런 것도 가르쳐야 한다. 현실은 현실이다.

시하가 콩알탄을 아냐고 내게 물었다. 물론 알고 있지. 콩알탄을 문구점에서 파냐고 다시 묻는다. 파는 걸로 알고 있어. 콩알탄을 복도에 뿌리고 지나가던 아이들이 모르고 밟도록 해서 깜짝 놀라게 한 일이 있었다고 말했다. 이렇게 얘기가 시작됐다.

"그건 매우 위험하고 비난 받을 일이야. 해서는 안되는 일이다. 내가 경험한 일인데 바지 주머니에 콩알탄을 잔뜩 가지고 있다가 주머니 안에서 터져서 화상을 크게 입은 아이도 있었어. 학교와 선생님 입장에서 콩알탄은 절대 금지야. 그보다 더 나쁜 일도 있다"

"더 나쁜 일이요? 사람이 죽었나요?"

"그렇다고 볼 수 있지. 아기를 뱃속에 품은 엄마를 뭐라고 부르는지 알고 있니?"

"임산부?"

"임산부는 임신과 출산을 같이 부르는 말이고 아기가 엄마 뱃속에 있으면 임신부라고 하지. 임신한 엄마가 콩알탄 소리에 놀라서 유산한 경우가 있어. 아기가 뱃속에서 죽은 거지"

"엄마가 놀라는데 왜 아기가 죽어요?"

"아이들이 길 가는 임신부에게 콩알탄을 던져서 여러 개가 터졌고, 전혀 예상 못한 임신부는 크게 놀랐어. 아이들도 임신부인 줄은 몰랐지. 뱃속 아이와 엄마는 한몸이야. 엄마가 놀라면 뱃속 아기는 더 크게 놀라는 법이야. 아기는 나쁜 자극에 자기를 지킬 힘이 없어. 크게 깜짝 놀라거나 엄마의 심한 영양실조나 엄마가 극도로 불안하면 아기가 견디지 못하고 죽는 일이 생길 수 있어. 그럴 때 '유산됐다'고 말하는 거야"

"그래서 전철에 분홍색 임신부석이 있는 거잖아요. 임신부를 보호하려고"(시하)

"그래. 임신부는 특별히 보호해야 해. 임신부가 힘든 일이나 불안한 일이 있으면 아기에게 나쁜 영향이 가니까"

"어떤 나쁜 영향이요?"(태호)

"임신부 엄마가 불안하면 태어난 아기도 불안감이 클 수 있지. 불안하다는 건 걱정이 많고 친구를 쉽게 사귀지 못하고 마음이 위축돼서 자꾸 숨기만 하려고 할 수 있어. 결국 자기가 불행하다고만 생각한다는 거지. 그러니까 세상의 모든 임신부는 잘 먹고 잘 자고 잘 쉴수 있게 해줘야 해. 마음만 먹으면 법으로 임신부를 보호할 수 있어"

"우리 엄마도 날 임신했을 때 힘든 일이 있었을까요?"(태호)

예상치 못한 반응에 순간 얼음이 된 느낌이었다. 그럴 리가 없다고 단호하게 말하고, 엄마는 운동도 만능이고 용감한 분이며 직장에서 인정받는 분이라서 그렇다고 부연설명했다.

"우리 엄마가 나쁜 짓 하는 사람을 빗자루로 마구 때려서 쫓아버린 적도 있대요"

"그럼. 얼마나 씩씩하고 용감한 분인데!"

태호의 지금 반응은 전에는 예상할 수(기대할 수) 없었던 새로운 변화였다. 이점은 매우 중요하기 때문에 기록으로 남긴다.

존경하는 선배 교사 김인규 선생님은 랑시에르의 표현을 가져와서 해석하기를 "현실에서 멀어져야 사유할 수 있다"고 말했다. 예를 들면, 남녀 청소년이 성차별에 대한 토론을 할 경우 남자 여자 편을 갈라 싸울 가능성이 높다는 것이다. 토론자는 남자 또는 여자의 성적 프레임(정체성)을 가지지만 토론이 가능하려면 자신의 성별을 넘어선 포지션을 가져야 한다는 말씀이다. 자신의 성별과 자신이 분리되지 않는다면 사유한다고 할 수 없다.

태호의 경우는 거꾸로다. 궁극적으론 랑시에르나 김인규 선생님의 지적이 태호에게도 적용되지만 일단은 거꾸로 단계를 거친다. 즉 현실이 자신과 한 몸이 되는 단계를 거쳐야 한다. 과거의 태호는 임신부의 불안에 대해 들었을 때 자신과 연결시키지 못했다.

임신부는 내 엄마, 뱃속 아기는 나 자신이라고 생각하기 위해서 필요한 브릿지를 머리에서 만들 수 없었다. 하지만 임신부와 태아의 관련은 즉흥적으로 튀어나온 화제인데, 귀기울여 듣고 스토리텔링이 '나'의 상황으로 연결됐단 점은 태호의 성장변화를 말한다. 또한 태호 앞에 주어진 미션이 무엇인지 명확해졌다. 유의미한 사유로 들어가기 위해서 태호가 임신부의 불안이 태아에 미치는 영향을 자신과 분리하는 단계로 점프해야 한다. 선생이 묘사하는 그림이 자신의 문제와 분리돼야 비로소 사유다운 사유가 가능하다는 말이다. 아직 태호는 관념적 사유를 할 수 있는 수준은 아니지만, 최소한 상황을 자신과 대응하도록(자신의 문제로 바꿔서 생각하도록) 했다는 점에서 과거보다 성장했다는 것을 확인했다. 태호가 잘 크고 있다는 증거를 만난 것이다.

알베르게 주방에서 만난 청년 커플과 짧게 말하면서 아이디어를 얻었다. 남녀커플이 함께 까미노를 걷는 한국 청년이 말하길, "한국에서 걷는다면 비용이 더 많이 들어갈 겁니다"

제주 올레 경우 게스트하우스가 1인당 2만원이다. 스페인 알베르게보다 두 배 비싸다. 밥값도 스페인 까미노가 저렴하다. 그렇다면 스페인 까미노 걷기를 교육 프로그램으로 개발할 수 있겠다. 그러기 위해서 걷기 멘토를 훈련 양성해야 한다. 할 수만 있다면 멘토 희망자를 데리고 직접 까미노를 걸으면서 매일 학습세미나를 열고 싶다.

한국인 걷기 단체팀들은 매일 저녁 푸짐한 식사를 준비하고 와인과 소주로 파티를 하기도 한다. 매일 밤 짧은 파티의 즐거움으로 35일 정도 까미노를 걸어 산티아고까지 가는 프로그램이다.

나와 함께 걷는 멘토 희망자에게 스페인 시골을 걸으면서 건져올릴 공부거리가 무궁무진하며 즉흥적인 주제가 결국 하나의 망(네트)에 걸리는 경험이 와인보다 소주보다 더 즐겁다는 걸 확인하고 싶다. 물론 우리도 와인과 소주 뿐 아니라 스페인의 다양한 지역 맥주도 올릴 것이다. 우리의 즐거움을 어린이청소년에게 전하는 전략을 함께 고민하며 까미노를 걸으면 어떨까 생각하는 것만으로 기분좋았다. 확실히 직업병이 깊다.

라디에이터에 널어 바싹 마른 양말을 신는 것만으로도 행복해진다. 행복하기 쉬운데 왜 이렇게 사는 건 어려운 건가.

오늘도 무지개를 만났다. 7가지 색을 모두 확인할 수 있는 무지개였다.

베가데발카르세 11월 16일

27일차

태호 아빠가 도착했다.

이틀이면 서울에서 스페인의 오지에 닿을 수 있으니 신기한 일이다. 이틀을 하루로 줄이겠다고 천문학적 비용을 쓰려고 한다. 이틀도 신기한 일인데 하루로 줄이는 건 특정 집단의 욕심일 뿐이다.

반가운 마음에 환영 세레머니가 있었다. 음주와 함께. 마침 토요일 밤이고 마을의 행사가 있더라. 레스토랑에서 무료 삼겹살구이를 제공한다. 마을 전체가 모였다. 약 100명 정도. 여기 사람들은 군밤이 일상의 간식이다. 군밤도 얻어먹었다.

트라바델로의 숙소를 나와서 라면을 파는바르에 먼저 갔다. 10시에 문을 여는 바르에 가기 위해 일부러 가장 늦게 숙소에서 나왔다. 엘리가 운영하는 바르의 매출 중 라면이 차지하는 비중이 매우 높다는 거다. 한국인 순례꾼은 한글로 쓴 라면 광고 칠판을 보고 그냥 지나가지 못한단다.

내게 칠판 광고 문구를 다시 써달라고 부탁한다. 살짝 고민하다가 "라면 먹고 갈래" 이렇게 썼다.

작년 같은 코스를 걸은 날 일기를 찾아봤다. 5월19일에 이곳을 지났다. 잠자리는 다르다. 전두엽 가위는 여전히 필요하다. 하지만 작년 박준규는 참으로 안타깝구나. 지금이 훨씬 낫다.

아래는 작년 같은 곳을 지날 때 쓴 일기

비야프랑카에서 출발해서 페레헤에서 커피를 마시고(아이들은 얼음과자) 라포르뗴라를 지나 암바스메스따스에서 점심을 먹고, 다시 Herrerias 마을에 도착했다. 그랬더니 20㎞. 일부러 20㎞를 걸으려고 한 건 아닌데 꾸역꾸역 걷다보니 20㎞를 걸었다. 여정의 지명은 중요하지 않다. 기록하지 않으면 도저히 기억할 수도 없다.

낮의 태양이 이글거리기 시작했다. 양지에 30분 서있는 건 고문이다.

셀카로 찍은 내 얼굴은 슬림해진 만큼 검붉게 익었다. 징징이는 덥다며 10㎞는 울며 걸었다. 그래도 나자빠지지 않고 끝까지 걸어오니 큰 걱정은 없다. 그동안 다양한 아이를 만났는데, 어떤 아이는 알아서 오겠지 하며 뒤에 남기고 가면 찾지 못할 곳에 숨어서 인솔자를 골탕 먹이기도 했다. 우리 징징이는 그런 타입은 아니다. 일단 목적지에 도착해서 샤워를 하고 나면 전혀 다른 아이로 변한다. 징징이가 애교쟁이가 된다.

"살구꽃 피는 마을은 어디나 고향 같다"

시인은 잊었지만 구절은 생생하게 기억한다. 한때 한국 근현대시 100편을 줄줄 외웠는데 그중의 하나다. 중2 담임이 국어 담당이었고, 그분은 담임을 맡은 반 아이들이 시 100편을 외우게 하는 게 목표였다. 외우게 하는 힘은 대걸레자루에서 나왔다. 그분(유감스럽게도 성함이 떠오르지 않는다)은 항상 매질을 하며 말씀하셨다.

"나중에 나 고마운 줄 알 것이다. 외우는 시 몇 편은 있어야 살아가는 데 유리할 거니까"

그냥 매 맞기 싫어서 리스트에 있는 시를 다 외웠다. 그래서 뭐가 유리한 지는 모르겠지만(한때 잘난 척에 좀 써먹었다) 집중하면 암기가 됐기에 나중에 선생을 하면서 상당한 오해를 했다. 누구나 외우려고 하면 외워지는 줄 알았다. 이건 심각한 오해였다. 아이가 집중할 줄 몰라서 외우지 못한다고만 생각했던 것이다. 텍스트를 외우는 건 매우 복잡한 기재가 작용한다는 걸 공립교사를 그만 두고서야 알았다.

다시 원래 얘기로 돌아와서, 살구꽃은 아니지만 찔레꽃을 보니까 고향 생각이 난다. 수구지심이 인지상정인가…. 고향이라고 말해야 서울 변두리 빈민촌(옛 금호동)이지만 뒷산에 찔레나무가 많았다. 아카시나무도 아주 흔했다. 이곳 스페인에서 한국에서 보는 찔레꽃과 똑같은 찔레꽃도 만나고 아카시꽃도 따먹으니 한국 생각이 많이 난다. 정확히 말하자면 집밥 생각이 간절해지더라. 오늘 만난 동백도 제주 동백과 똑같다.

암바스메스따스의 Casa del pescador 알베르게 겸 식당은 매우 인상적이다. 드물게 쌀밥이 나오는 치킨 데리야끼와 카레 메뉴가 있고, 우리가 먹는 도중 주인 아저씨가 만들었다는 "김치"를 갖다준다. 헤어질 땐 "김치포레버"를 외친다. 같이 김치포레버를 외치며 맞장구 쳐줬다. 비싼 음식값에 난 시키지 않았더니 송 선생도 차마 먹지 못하더라. 많이 미안했다. 언제나 돈은 문제이다. 아이들은 허겁지겁 먹더니 송 선생 음식까지 다 먹고는 만족한 웃음을 남긴다. 늦은 시간이라면 함께 운영하는 알베르게에서 머물어도 좋겠단 생각이었다.

오늘 걷는 카미노와 나란히 발까르세 강이 흘렀다. 비 오는 날 한번 없는데 중류에 해당하는 이곳 지형의 발까르세 강물은 매우 풍부하더라. 강 따라 나란히 걷다보니 일본 나가노의 카미코치 지역 아즈사 강이 떠올랐다. 아즈사 강은 해발 2천 미터에서 흐르지만 아주 천천히 흐르고 유량은 풍부하다. 바닥의 자갈이 다 보일 정도로 깨끗한 물이다. 일부러 떠마시기도 해봤다. 카미코치 지역의 아즈사 강도 중류에 해당하는데, 강 따라 걷는 10㎞ 정도가 유명한 관광자원이다. 스페인 서부를 지나는 발까르세 강 중류도 아즈사 강과 유사하지만 관광자원으로 개발되지 않았다. 아무도 그런 필요성을 느끼지 않았을 것이다.

걸으면서 아즈사 강이 떠오르고, 일본/나가노/일본의 알프스/관광자

원개발/내가 지금 있는 스페인의 발까르세 강/기타 내가 경험한 여행지역 등이 마치 맵핑하듯이 연결되며 가지를 친다. 그런데 말이다. 이런 건 아무 의미 없다. 내가 원하는 것도 아니다. 그냥 아무생각 없이, 생각을 덜어내며 걷고 싶었다. 물론 징징이와 무뚝뚝한 청개구리 때문에 고요한 정서를 이어갈 수는 없지만 왜 쓸데없는 생각의 용솟음은 지멋대로인가. 생각이 너무 많다. 가지 자르듯 생각을 자르는 가위가 있을 수 없나.

고백하건데 아직도 내가 특별하다고 생각한다. 많이 순화됐지만 아직도 자꾸 나를 특별한 위치에 놓으려고 한다. 그로 인해 상처 많이 받았는데도…. 나도 힘들다.

전두엽 가위가 있다면 자르고 싶다. 싹둑!

오세브레이로 11월 17일

28일차

아침에 길을 나서려는데

오스탈 주인이 기존 까미노는 폭설로 위험하니 우회포장도로로 가야 한다고 말한다. 우리 전체 일정에서 가장 힘겨운 날이다. 해발 1700 고갯길을 넘어야한다. 이미 해발 600미터 지역에 있는 것이라 고도로 약 1000미터를 오른다. 우리가 출발하는 곳은 비가 왔지만 산에는 눈이 많이 쌓인 것. 오다그치다 반복하는 비를 맞으며 천천히, 그러나 꾸준히 올랐다. La Laguna 마을은 레온 지방의 마지막 마을이다. 유일한 식당에 각국 사람들이 가득이다. 일군의 이태리 순례꾼들이 기타치고 노래 부르는데 절창이다.

화덕에 즉석에서 구운 돼지갈비를 내주는 메뉴를 먹더니 아이들 기분이 최고조로 오르고, 나머지 길에 룰루랄라 가볍게 걷는다. 그리고 곧 갈리시아 지방으로 들어섰다. 스페인어로 적힌 지명 간판이 스프레이 페인트로 일부 지워지고 갈리시아 말로 고쳐진 게 많다. 갈리시아에서는 J 대신 X를 쓰는 경우가 많다. 19세기까지 갈리시아 왕국이 천 년 이어졌었다. 갈리시아 지방의 학교는 갈리시아 말로 수업한다고 한다. 그렇지만 점점 갈리시아 말은 사라져가고 있단다. 현재 갈리시아도 독립하겠다는 목소리가 있지만 카탈루냐나 빌바오보다는 적극적이지 않다. 갈리시아 첫 마을 오세브레이로의 알베르게에 들었다.

일요일이라 눈 쌓인 오세브레이로 마을은 곳곳이 썰매장이다. 가족 단위로 상당한 사람들이 북적인다. 차량이 뒤엉켜 오도가도 못하는 장면도 있었다. 하지만 바람은 거칠지만 몹시 추운 기온이 아니라 곤죽이 된 쌓인 눈은 거리를 개울로 만들었다. 우리 일행은 괴로운 환경이다. 샤워 후 알베르게에서 마을 중심부에 있는 식당에 나가는 게 곤란해서 저녁식사를 포기했다. 늦은 점심에 고기를 든든히 먹어서 그다지 아쉽지 않다.

태호는 아빠와 함께 걷는 길이 즐겁다. 나에게 쏟아내던 질문을 아빠에게 한다. 아빠도 스페인에서 아들과 함께 있다는 상황이 감격스러운 듯 하다. 당연히 모든 질문에 성의를 가지고 응대한다. 아름다운 장면이다.

태호는 오전 9시 반부터 오후

1시까지 알사탕(추파춥스) 하나를 입에 물고 있었다. 10시부터 여러 차례 아빠가 부드럽게 주문했다.

"사탕을 먹을 수 있지만 입에 사탕이 계속 들어있으면 좋지 않은 일이 있을 수 있어. 그러니 빨리 씹어먹으면 좋겠다. 앞으로 100년 가까이 튼튼하게 이빨을 써야하는데, 입에 사탕을 계속 물고 있으면 이가 빨리 망가질 거야"

"내 이는 튼튼해요"

나도 사탕을 입에서 빼야한다고 거들었지만 태호는 꿈쩍도 않는다. 결국 입 안에서 모두 녹아서 없어진 다음에나 사탕막대를 버렸다.

이 장면은 곧바로 학교교실로 옮아갔다. 교사가 지시했지만 지시에 전혀 따르지 않는 학생이 있을 때 어떤 일이 벌어지는가. 교사는 지시에 따르지 않는 학생이 자신에게 도전한다고 판단할 수 있다. 그러면 교사와 학생의 자존심 싸움으로 번질 가능성이 높다. 재차 삼차 지시했지만 역시 따르지 않을 경우 학생보다는 교사의 흥분지수가 천정을 때릴 수 있다. 열 받고 뚜껑이 열리는 거다. 결국 어떡하든 학생이 지시에 따르도록 강제하는 과정에서 부작용이 생길 수 있다.

사탕을 당장 입에서 없애라-명령을 내리고, 따르지 않을 경우 아이 입에 있는 사탕 막대를 잡아서 강제로 빼낼 수 있다. 그러면 아이는 강하게 반발하고 이후 과정(수업이나 걷기 등 미션수행 상황)을 보이콧할 명분이 자신에게 있다고 굳게 믿는다. 그 다음을 교사나 부모는 콘트롤 할 수 없다. 어린이청소년들은 그런 과정을 이미 잘 알고 있다.

상황이 파탄나면(교실이 난장판이 되면) 주도권을 자신이 쥘 수 있다고 굳게 믿는 어린 친구들을 컨트롤하는 방법이 있을까? 나는 없다고 생각한다. 수많은 실수와 실패를 통해 얻은 결과다.

　과거에는 자신이 칼자루를 잡는 길이 어른의 지시에 따르는 것이었지만, 세상이 변하면서 아이들의 전략도 변했다. 지시와 반대로 행동하는 것이 칼자루를 쥐는 길이 되었다. 왜 그럴까. 이 어리둥절한 상황에 대해 아무리 고민해봐도 해명이 되지 않는다. 아이의 행동을 고민해봐야 답이 나오지 않는다는 말이다. 이제 '지시'에 대해 사유해야 한다. 아니, 아이들이 왜 그러지-하는 질문은 적절하지 않다. 도대체 '지시'에 어떤 문제가 있길래 아이가 저런 반응을 보이는가-질문을 바꿔야 한다.

　어제 전두엽가위로 생각을 잘라내고 싶다고 말했는데, 걷기는 생각을 비우는 게 아니라 온갖 생각이 용솟음치게 한다. 나로서는 그렇다.

　가을에 이파리를 떨구는 나무들은 모두 겨울채비에 들었다. 바닥에 다양한 낙엽들이 풀칠을 한 듯 겹겹이 붙어있다. 비가 와서 젖었기 때문이다.

　잎은 태양광을 가능한 많이 받아서 광합성을 하는 것이 제 기능일텐데 나무마다 저렇게 다양한 모양을 가지고 있을까 궁금하다는 생각이 올라왔다. 약간의 모양 변화는 있을 수 있는데, 다양해도 너무 다양한 나뭇잎이다.

　동원할 수 있는 최대치를 끌어모아 고민하고 추론해보지만 결국 포기했다. 나로선 모르겠다. 중요한 건 나무마다 잎 모양이 다르고, 같은 나무에서 피어난 이파리라도 같은 녀석은 단 하나도 없다는 거다. 다 다르다. 다르지 않다면 세상이 만들어지기도 않았을 것이다.

　세상의 모든 요소는 다 다르다. 사람만 그걸 모르는 것 같다.

무선이어폰이 편리하다. 걸으면서 가요를 듣는 일이 종종 있다. 복면가왕에서 손승연이 부른 임재범의 〈사랑〉 노래를 100번은 들었을 것이다. 아주 슬픈 가사더라. 내가 혼자 정해놓은 3대 슬픈 노래 중 하나를 들어내고 〈사랑〉을 리스트에 담아야겠더라. 들으면서도 늘 딴 생각을 하니까 가사에 집중한 적이 없었지만 이번에 꼭꼭 씹어 음미했다.

시라고 본다면 좋은 점수를 줄 수 없다. 너무 평범하다. 사랑하는 사람과 이별을 그렸는데, 반복해서 들으니까 죽음에 의한 이별 상황으로 보인다. 멜로디와 가수의 능력 때문에 들을 때마다 가슴이 찡하지만 오히려 집중해서 들으니 노래가 평범해졌다. 가요는 열심히 들으면 가치가 떨어지는 경우가 많다.

그럼에도 불구하고 한 줄 가사가 탁월하다. "그 사랑 바보 같지 않아. 결코 바보 같지 않아" 바로 이 가사. 사실 바보 같은 사랑을 했지만 사람의 힘으로 막을 수 없는 이별을 앞에 두고 "바보 같지 않아" 선언하듯이 내뱉으니까 슬픔의 절정을 보는 느낌이다.

아전인수격으로 내 스스로에게 말했다. "결코 바보같지 않아" 늘 바보라는 생각에 시달려 애절한 이별 노래 가사로 위로한다. 나를.

바보 아니야. 이렇게.

29일차

트리아카스텔라 11월 18일

가니까 길인가,
길이니까 가는가. 그래서 질문이 중요하다. '가니까 길이냐, 길이니까 가느냐'고 물으면 둘 중 하나를 선택해야하는 문제로 인식되지만, 간다는 행동과 길이라는 조건은 선택할 수 없는, 즉 하나가 다른 하나에 대해 배타적인 관계가 아니다.

스페인 까미노와 우리의 걷기는 한 몸이다. 걷는 자가 없는 길이 까미노일 수 없으며, 길이 없는데 걸을 수 없는 노릇이 아닌가. 삶이 그렇다. 수많은 배경과 조건이 함께 하지 않는 "순수"한 삶이 존재할 수 있겠는가. 우리가 까미노에 있으니 오늘도 걷는다.

알베르게 밖은 눈이 내리고, 며칠째 쌓인 눈은 그대로다. 할 수없이 제설된 포장도로를 걸었다. 간간히 차량이 지나는 포장도로는 매력이 없

다. 한참을 걸으니 발바닥에 무리가 온다. 흙길을 걸을 땐 몰랐다. 이름만 들어 본 족저근막이 당기는 느낌이고, 뒤꿈치를 바늘로 찌르는 것 같다. 늘 수다삼매경에 빠지는 아이들도 별로 말이 없다. 아빠랑 붙어 다녔던 태호도 혼자 걷는다. 나에게 눈뭉치를 던지는 태호에게 대거리를 했더니 신이 났다. 피한다고 달렸더니 마구 쫓아온다. 나나 태호나 배낭을 멘 채 2km이상을 걷다 뛰다 했더니 빨리 지친다. 태호는 선생과 대거리가 시큰둥해지자 시하에게 돌아갔고, 나의 기억력 싸움은 다시 시작됐다.

어제부터 무정부주의, 무정부주의자를 뜻하는 영어 표현이 떠오르지 않는다. 자주 사용했던 낱말이고, 그에 대한 고민도 나름 골똘했는데 어찌 이렇게 장시간 생각나지 않는단 말이냐. 자존심에 기억날 때까지 검색하지 않았다.

낱말 뿐 아니다. 작년 봄에 걸은 길인데, 어떤 장소는 어제 지난 듯 선명할 정도로 특정 나무 모양도 또렷이 되살아나지만 어떤 곳은 분명히 지나간지 일년 밖에 안 됐는데도 전혀 떠오르는 기억이 없다. 혼자 매우 당황하며 걷는다. 당황하는 와중에도 무정부주의 영어단어를 생각하느라 애를 쓴다.

나이 탓이라면 단순히 애달픈 마음으로 넘어가면 될 것이고, 나이 문제가 아니라면 기억에 대해 새롭게 고민을 하는 계기로 받아들인다. 둘 다 뒤엉킨 현상일 것이다.

작년 기억이 선명해지고 동시에 당황스러운 안내판과 만났다. 해발고도를 알리는 표지판에 1270m라고 나온다. 분명히 작년에 본 같은 표지판이다. 1270미터는 시간이 지나서 내 기억에 1700미터 고지로 남았다. 엊그제 일기에 1700미터 산을 넘어갈 예정이라고 쓴 것은 이런 기억의 오류 덕이다. 70미터가 700미터로 머릿속에 잘못 입력된 것.

또한 걷다보니 해발고도가 더 높은 곳을 알리는 표지판도 있더라. 혼자 부끄러워 하며 장탄식을 뱉는다. "아~놔….."

그래서 드디어 떠올랐다. 아나키스트, 아나키즘.

오늘 하루 걸은 전체 일정 중 후반 20%는 원래 까미노를 걸었다. Fillobal 마을부터 눈이 없다. 길고 긴 내리막길을 지나니 고도가 떨어져 눈이 쌓이지 않은 것. 추운 느낌도 거의 사라졌다. 레온과 갈리시아 지방을 나누는 산맥을 완전히 넘어온 것이다. 거리 안내판의 단어가 낯설다. 잘 모르지만 확실히 스페인어가 아닌 단어들이다. 교회를 에스파뇰은 Iglesia 라고 하는데 여기서는 iglexa로 적어놓았다. 부엔 (buen) 까미노가 본 까미뇨(Bon Camiño)로 바뀐다. 포르투갈어에 가까운 걸 알겠다. Good이 에스파뇰은 buen, 포르투갈어는 bom이다. 그러니 갈리시아 말이 포르투갈 말에 가깝다는 걸 알 수 있다. 다만 이런 실오라기 같은 아주 작은 지식알갱이는 아무런 소용이 없다는 걸 다시 확인한다.

기억과 더불어 '안다'는 것에 대해 옷깃을 여미는 혼자만의 의식을 치르며 걸었다.

"어, 그때 그 친구…."

트리아카스텔라 알베르게에 들어가서 이미 침대에 걸터 앉은 청년을 보니 반갑다. 그저 스쳐지나간 것에 불과한데 한국인 청년을 또다시 만난 건 기분 좋은 반가움이다.

딸내미와 동갑인데, 빠른 생일이라 학교는 한 해 빠르단다. 청소년 때부터 30개국을 여행한 경험이 있고, 24개월 병역을 마치고 긴 여행 중이라고 한다. 이번엔 블라디보스토크에서 시베리아횡단열차를 타고 모스크바를 거쳐 동유럽 여러 나라를 돌았고, 이곳 스페인 까미노 걷기를 마치면 포르투갈과 모로코를 여행하고 귀국할 예정이라고. 유럽도 90일 연속 체류가 한계라고 한다.

나선진(청년의 이름)씨의 안내로 저녁 레스토랑을 정했다. 같이 동행했고 선진씨 폰으로 기념 셀카도 찍고…. 저녁에 말로만 듣던 갈리시아 스프, 깔도 가예고를 먹었다. 그중 해산물 스프를 선진씨가 추천하길래 시켰더니 한국에서 먹는 짬뽕에 거의 가깝다. 한 순갈 떠먹은 태호가 한 그릇 다 먹는다. 밥도 말아서. (흰밥도 있다. 밥만 2유로)

선진씨 여행경험담과 태호 아빠 어쩌다 특전사 요원으로 뽑혀 천리행군한 얘기에 아이들 포함 모두 빠졌다. 선진씨가 일년 체류한 네팔에 대한 찬양에 내가 불쑥 꺼냈다.

"애들아, 네팔 갈래?"

"산에서 고생만 안 시킨다면 갈 게요"(시하)

"저는 당연히 안 갑니다"(태호)

딱 예상한 대답이다. 시하는 선진씨 여행담에 큰 관심을 보인다. 선진씨는 중학생 나이부터 혼자 세계여행을 했다고…. . 멋진 일이지만 고생과 불안과 갈등의 시간도 많았을 것이다.

서로 페이스북 친구가 된 후, 선진씨가 메시지를 보냈다. 긴 메시지의 일부를 소개한다.

"까미노는 우리가 원하는 것이 아닌 필요한 것을 준다는 말, 이렇게 까미노 마지막즈음이 되어서야 만난 이유, 또 지금 당장은 모르지만 이 만남으로 하여금 어떤 일들이 벌어질지, 선생님으로부터 무엇을 배워나 갈지, 어떻게 쓰여질지, 까미노만이 그 답을 알고 있겠지만 저는 그저 기대해봅니다. 그저 기다려봅니다"

선진씨의 여행 Tip 몇 가지.

① 웃음(미소)이 가장 좋은 여행자산이다. (선진씨는 늘 웃으며 말한다. 내가 가장 안 되는 것)

② 현지 말을 아주 조금은 알아두면 대화가 모두 가능하다(기본적으로 영어가 필요하다. 선진씨 서바이벌 영어가 뛰어나다)

③ 인터넷에서 라면 가루스프만 살 수 있다. 아주 싸다. 여행하면서 현지에서 파스타를 사서 라면처럼 끓여먹으면 좋다(이걸 진작에 알았더라면 좋았을 걸?!)

사리아 11월 19일

30일차

최장거리 걸었다.

26㎞. 어제 숙소에서 걷기 시작하면 사리아까지 도착해야 하는데, 일부러 돌아가는 긴 코스를 선택했다. 풍광이 좋은 길이라고 해서. 태호아빠와 아이들이 흔쾌히 동의했다. 거의 숲속 오솔길이라 분위기 좋았다. 다만 26㎞는 힘든 일이다. 사리아 도착 후 저녁 먹고 일어서는데 걸음이 떼지지 않는다. 처음으로 장딴지에 알이 배겼다. 아이들도 힘들었다. 아이들이 침대에 누워서 쉽게 잠들지 못한다. 이 또한 처음 있는 일이다. 비가 조금만 와서 고마울 따름이다.

태호와 아빠가 손을 잡고 걷는다. 사진으로 남긴다. 태호아빠가 스페인에 와서 함께 걷는 이유이고, 스페인에 오길 잘했다는 증명이며, 태호의 까미노 걷기 미션 성공의 표시다.

　8시간을 거의 쉬지 않고 걸었다. 중간에 쉴 만한 마을도 없었을 뿐만 아니라 지도를 보니 쉴 여유가 없었기 때문이다. 걸으면서 우치다 타츠루 선생 지난 11월5일 대전 강연 녹취록을 들었다. 11월4일 서울 강연과 일부 내용은 겹치지만, 원고 없이 얘기함에도 시간 안에 깔끔하게 강연을 진행하는 우치다 선생의 탁월함에 다시 한 번 무릎을 친다. 특히 도입을 어떤 얘기로 시작해야 청중을 빨아들일 수 있는지 잘 알고 강연 열기를 서서히 끌어올리는 기술적 측면도 나로선 본받아야 할 일이다.

　대전 강연의 주제는 "어른 없는 사회에서 어른을 찾습니다"였다. 몇 해 전에 민들레에서 우치다 선생의 〈어른없는 사회〉를 펴낸 적이 있다. 원제는 전혀 다르지만 민들레 현병호 대표의 작명으로 알고 있다. 작명할 때 설왕설래했지만 지나고 보니 탁월한 작명이다.

　우치다 선생의 지적과 우치다 전문 통역자이자 강연 퍼포먼스의 공동 연출자인 박동섭 선생의 언명은 서로 통한다. 우치다 선생은 칼로 자르듯 명확하게 우열이나 시비를 가리는 사람은 어른이 아니라고 말한다.

세종 때 재상 황희가 떠올랐다. 평소에 박동섭 선생은 '지적폐활량을 늘리십시오'라고 말했다. 우리가 우치다 선생을 찾아가기 전부터 박동섭 선생은 지적폐활량에 대해 강조했었다. 적지 않은 시간이 흘러 우치다 선생과 박동섭 선생의 언명이 일치하는 걸 확인한다.

강연 중 충격적인 지적은 "얼터너티브 팩트"에 대한 진단이다. 미국계 일본인 미치코의 저서에서 인용한 설명인데, 팩트와 팩트 아님의 구분을 거부하고 팩트와 대안적 팩트로 표현한다는 것이다. 트럼프가 수많은 지지자와 함께 있는 사진이 지지자 수를 부풀린 조작이라는 기자의 지적에 "아, 그건 대안적 팩트라고 해야죠"라고 말했다는 것. 충격이다. 이제 거짓말은 단지 대안적 팩트일 뿐이다. 뉴스에 오르내리는 철면피들 변명의 뿌리를 알았다. 전 세계적으로 물들고 있다는 진단이다. 바로 포스트 모더니즘의 교묘한 비틀기라는 것이다. 모더니즘의 결과가 전쟁에 의한 대량학살(세계대전 등)로 수렴되면서 반성적으로 등장하고, 이제는 민주정부가 들어선 지역이라면 모두 공유하는 포스트 모더니즘이 죽음을 앞두고 있다. 길게는 100년, 짧게는 50년을 풍미한 포스트 모더니즘의 다음을 고민할 수밖에 없다.

한국의 어린이청소년이나 40 이하 청년들은 찌꺼기만 남은 변형된 포스트 모더니즘의 중독자들이다(전부가 아니라 일부가 그렇다)바로 내 마음대로 하는 게 정당하다는 판단기준을 가지고 있다. 결국 찌꺼기 포스트 모더니즘의 제조자와 퍼뜨린 자는 대형자본이다.

최초의 인구절벽을 맞이한 인류가 자본주의 산업사회의 방식을 고수한다면 파멸만이 앞에 있다는 우치다 선생의 진단이다. 우치다 선생은 자칭 타칭 보수 철학자이다. 우치다의 해법은 작은 공동체의 건설과 운영에 있다.

"이런 작은 마을이 갖출 건 다 갖추고(작은 마을이지만 마트, 약국, 은행, 우체국 등) 돌아 가는 게 신기하네요."

태호 아빠의 말이다. 나도 똑같이 느끼고 있었다. 스페인이 세계 최초의 협동조합 발상지라는 점이 의미있다.

내일 걸을 수 있을까. 발과 다리가 견뎌줄까. 아이들은 별 걱정이 없는데 두 어른이 걱정이다. 점심 이후에 산티아고까지 100㎞남았다는 이정표를 만날 것이다. 100㎞ 미만이라는 확인이 힘을 내게 하더라. 100이라는 숫자의 마법이다.

오늘 걷는 길에 눈에 띄는 건 지붕의 석재기와 얹은 방식이다. 어제까지는 볼 수 없던 기와 모양이 보인다. 이 동네는 모두 같은 방식으로 지붕의 최정상 모서리를 처리했다. A자 모양 지붕의 꼭대기를 석판이 서로 엇갈리게 배열했다.

이 동네 방식이나 저 동네 방식이나 비나 눈이 잘 흘러내리면서 집으로 스미지 않게 하면 되는 거 아닌가. 그런데 지금 지나는 마을의 지붕은 장식 효과를 노리고 모양을 다르게 했다.

바로 그제 고민하던 문제의 해답을 얻은 느낌이다. 왜 그토록 수많은 나무 이파리 모양일까. 신은 왜 그토록 다양한 나뭇잎 디자인을 했을까. 기능의 문제가 아니라 다양성이 우주의 법칙인가보다. 신에게 '왜' 질문은 적절하지 않다. 때론 고개만 끄덕일 필요가 있다. 아니, 끄덕일 수만 있는 게 아닐까.

포르토마린 11월 20일

31일차

걷는 게 이력이 난 느낌이다.

그냥 걸어지는 느낌…. 생각을 잘라내고 싶다가도 머릿속이 텅 비는 것이 반갑지 않다. 뭔가를 끄집어내서 생각은 꼬리를 무는 법이다. 머리를 비우겠다는 마음 자체를 비워야 하는가 보다.

태호아빠는 일부러 시간을 내고 비용을 들여 스페인에 아들을 보러 온 것이라 태호에게 지극정성이다. 태호의 곁에서 걷는 시간도 많다. 태호도 아빠 손을 먼저 잡는 일이 많다. 하기야 억지로 손을 잡는다고 계속 손잡고 걸을 태호가 아니다.

당연한 일이지만 태호아빠는 태호의 긍정적 변화를 바라고, 변화의 추이를 살핀다. 사람의 변화를 잘 보여주는 탁월한 그림책이 있다. 〈내 이름은 자가주〉 퀀틴 블레이크 작품이고 원제는 〈Zagazoo〉이다. 퀀틴 블레이크는 일러스트레이터로서 로알드 달 작품에 항상 삽화를 그린 사람인데 직접 글까지 쓴 작품이 〈Zagazoo〉이다.

알콩달콩 행복하게 사는 부부에게 어느 날, 이상한 소포 하나가 도착한다. 소포 안에는 '자가주'라는 분홍빛 생물이 들어있다. 자가주를 키우는 게 항상 즐거운 건 아니지만, 사랑스러운 자가주의 미소는 모든 걸 극복하게 만든다. 하지만 행복은 잠시, 자가주가 빽빽 울어대는 대머리 독수리가 되고, 집 안을 한껏 어지르는 코끼리가 되고, 멧돼지가 되면서 부부의 삶은 점점 엉망이 되어 간다. 이 변화무쌍한 괴물 때문에 삶은 불안하고, 사고를 수습하느라 몸이 피곤하다. 그러던 어느 날 자가주가 매너 좋고 말끔한 청년이 된다. 예쁘고 마음이 맞는 아가씨를 만난 자가주가 이 기쁜 소식을 전하려고 부모님을 찾아갔을 때, 지금까지의 상황과는 반대로 부모님이 갈색 펠리컨이 되어 부리를 딱딱거리고 있다.

사람의 변화를 점진적인 변화로 이해하게 된 건 산업사회로 이행되면서부터다. 산업사회는 세상을 공정으로 바라보게 만들었다. 시작점과 끝점이 있다는 인식도 서구의 산업사회 전면화 영향이다. 탄생을 시작으로, 죽음을 끝으로 생각하는 것이 대표적인 산업사회 인식이다.

사람은 〈Zagazoo〉처럼 변한다. 독수리인지 멧돼지인지 코끼리인지 모르다가 어느 날 예의 바른 어엿한 청년이 돼서 나타난다. 어엿한 청년은 독수리와 멧돼지와 코끼리의 총체이며 동시에 독수리, 멧돼지, 코끼리를 넘어서는 초월체라 할 수 있다.

〈Zagazoo〉의 탁월성은 세월이 흘러 자기주가 청년이 되니까 젊었던 부부는 갈색 펠리컨이 되어 날아간다는 표현이다. 자가주가 소포를 통해 온 것과 부부가 갈색 펠리컨이 돼서 떠나는 것을 시작과 끝으로 묘사할 수 없다. 변화는 무한하고, 따라서 시작도 끝도 없는 게 아니겠는가. 우주가 그런 것처럼.

드디어 산티아고까지 100㎞ 남았다는 지표석을 지났다. 아이들이 환호한다. 마치 100㎞를 한달음에 갈 것처럼 생각한다. 군대 가도 두렵지 않다는 말도 한다^^ 이건 완전히 숫자 상징의 세뇌다. 때론 세뇌도 필요하다. 어쩌면 교육은 크게 보면 세뇌가 전부다.

팔라스데레이 11월 21일

32일차

아이들이나 어른이나

한달이 넘으니 피로가 누적된 느낌이 강하다. (내가 더 그렇다) 하지만 반대로 배낭을 메고 걷는 행위에 대해서 적응이 되면서 힘들지 않게 진행한다. 이게 무슨 상황이냐…. 힘들지 않지만 피곤하다? 분명 배낭이 갈수록 무겁지 않지만, 또한 갈수록 목과 어깨의 통증이 심해진다.

당장의 과업이 힘든지 여부도 살펴야하지만 진행과정에서 쌓이는 피로에 대해 적절히 진단하는 게 중요하다는 생각이다. '피로사회'라고 하지 않던가. 반성 없이 달려온 결과 사회 전체가 피로한 결과를 맞았다. 피로의 방치는 파탄 뿐이다. 개인의 삶도 마찬가지 아닐까….

결국 팔라스데레이 큰 타운에 왔다. 팔라스데레이 오기 수㎞ 전부터 묵을 알베르게를 찾았지만 모두 비시즌 영업중단상태였다. 3일을

20~26㎞, 총 70㎞를 걸었다. 우리 아이들이 대견하다. 힘들다고 칭얼대는 법이 없다. 하지만 지친 기색이 이제서야 보인다. 시하가 처음으로 그만 걷고 싶다는 말을 했다. 그러면서도 잘 걷는다. 발이 말썽인 적도 없다. 태호는 아직 확실한 아빠 효과로 인해 어려움 없이 잘 걷는다.

점점 목표점 산티아고가 다가오고, 지표석에 표시되는 남은 거리가 100 이하에서 90, 80, 70으로 줄어드니 걷는 게 힘들지 않다고 대답한다. 목표라는 게 좌절도 주지만 힘도 준다.

어제 퀸틴 블레이크를 꺼냈으니, 오늘은 퀸틴 브레이크의 영원한 파트너 로알드 달이 떠오른다. 로알드 달(Roald Dahl)은 좋아하는 동화작가다. 살아있다면 104살이다. (1990년에 사망) 〈찰리와 초콜렛 공장〉 〈마틸다〉 등 수많은 작품이 한국에도 번역돼 있지만 〈조지, 마법의 약을 만들다〉가 내게 있어 베스트 of 베스트 작품이다.

그런데 로알드 달의 할아버지는 1820년 생이고, 아버지는 1863년 생이다. 내 기억으로 프로이트가 1853년 생, 슈타이너가 1861년 생이다. 내게 많은 영향과 영감을 준 작가가 100년 전에 태어났고, 그의 아버지는 슈타이너와 동시대 사람이라는 것은 시사점이 있다.

로알드 달 작품에 나는 여전히 열광하고 있고, 여전히 프로이트는 사람들에게 회자되고, 슈타이너가 창시한 발도로프 학교도 전 세계에서 뿌리를 튼튼히 내리고 있다. 서양의 100년 전, 150년 전이 복사열 마냥 매개체도 없이 21세기 한국사회에 전달되고 있다는 말이다.

하지만 다른 측면도 있다. 로알드 달 아버지는 고향인 노르웨이를 떠나 웨일즈에서 사업 성공으로 큰 부자가 됐지만 1920년 폐렴으로 사망

했다. 별다른 치료도 해보지 못하고 죽었다. 아버지 죽기 한 달 전 로알드 달의 누나는 일곱 살에 맹장염으로 죽었다. 페니실린이 발명된 2차 세계대전 이후라면 죽지 않을 병이었다. 로알드 달의 아버지 사업이 번창한 것은 증기선과 관련 있다. 당시에 내연기관을 쓰는 선박은 없었다. 모두 석탄을 태워서 물을 끓이는 증기기관만 사용하는 선박이었다.

어떤 이의 삶은 그 이가 살았던 시대의 환경과 한 몸이다. 디젤엔진을 쓰는 선박이 주종이라면 로알드 달의 아버지가 큰 부자가 아닐 수 있었다. 항생제가 있었다면 로알드 달이 네 살 때 아버지를 여의는 일이 없었을 것이고, 로알드 달이 천재적 스토리텔러로 성장하지 못할 수도 있었다.

로알드 달이 내게 미치는 영향은 현재형이지만 로알드 달을 구성하는 역사적 환경과 나를 구성하는 역사적 환경은 매우 다르다. 이런 간극은 큰 혼란을 준다.

과거와 현재가 혼재되면서 야기하는 혼란을 극복하기 위해 나에게 전달되는 정보를 잘 구분하는 것이 인문학 공부의 핵심이다. 이는 마치 만선으로 돌아온 어부가 가장 먼저 그물코를 정리하는 것과 똑같다. 다음 출어를 보장하는 것은 그물코의 정리에 달렸기 때문이다.

슈타이너는 당대의 천재였다. 19세기 말과 20세기 초의 시대적 모순을 해결하기 위한 슈타이너의 광범위한 연구는 대단한 업적이다. 하지만 슈타이너의 말씀과 주장을 100년이 지난 현재 그대로 가져온다는 건 지혜롭지 않은 것이다. 18세기에 태어나 19세기 중반 세상을 뜬 헤겔의 사상을 이해하는 건 중요한 공부이겠지만, 헤겔의 주장을 21세기에 그대로 드러내는 건 어리석다.

즉석에서 나만의 창작 이모티콘이나 아바타 이미지를 제작해서 유통하고, 지구 어디에서나 얼굴보면서 통화할 수 있는 21세기 문명환경을 고려하고, 그에 따라 달라진 언어소통을 하는 지금바로여기의 사람들을 관찰하지 못하고 있다. 어린이청소년에 대한 것은 더욱 더 비현실적이다. 비고츠키의 표현을 빌자면 우리는 '역사적인 아이'를 내다버리고 '영원한 아이'만 마주하고 있다. '영원한 아이'는 만들어진 개념일 뿐이다.

서구의 개념에 우리의 현실을 구기고 잘라내서 억지로 꿰맞추는 게 한국의 지식인이고 학자다. 우리 사회의 불통은 여기서 비롯된다. 천 개의 고원에 천 번 침을 뱉고 싶은 심정이다. (들뢰즈는 아무 문제 없다. 들뢰즈를 가지고 들어온 일부 한국의 철학자 이름표를 단 사람들에게 유감이다)

아동문학이 성인문학의 아류이며, 성인문학에서 성공하지 못한 작가가 아동문학 작가의 길을 간다는 편견이 여전하다. 어린이 청소년의 문제는 바로 내일 당면 문제인데도 나이 어린 사람에 대한 고민조차 우선순위에서 뒤로 미루는 것이 당연한 분위기는 어이없는 일이다. 더 중요한 문제인데도 어린이 청소년에 대한 서구의 전달 내용이 없기 때문이다. 서양이야말로 어린아이를 완전한 사람의 존재로 본 역사가 짧다.

갈리시아 지방에는 오레오 (HÓRREO) 이름의 독특한 구조물이 있다. 거의 대부분 집에 하나씩 있다. 신기한 것은 크기가 거의 같다. 마치 정해진 규격을 약속한 것 처럼. 그러나 하단의 모양이나 지붕의 장식은 조금씩 다르다.

옥수수, 감자, 콩 등 양식을 보관하는 창고인데, 바람이 잘 통하고 쥐의 접근을 막으려고 고안한 것이라 하더라. 집집마다 있으니 서로 다른 특징을 비교하면서 걷는 게 재밌다.

우리는 전통적으로 양식 보관을 어디다 했는지 잘 모르겠다. 반성되는 지점이다. (그냥 '광'이라 불리는 창고 아니었나?)

멜리데 11월 22일

33일차

아~ 비….

종일 비를 맞고 걸었다. 잠깐 푸른 하늘도 있었지만 말이다. 판초를 써도 바지는 다 젖는다. 신발도 푹 젖었다. 신기한 건 숙소에 도착한 바지는 다 말랐다는 거다. 비가 와도 공기가 눅눅하지 않다.

  신발은 태호아빠의 지극정성으로 다음날 아침 뽀송뽀송하게 변했다. 알베르게 라디에이터에 운동화를 뒤집어 올려놓고 밤새도록 한 시간마다 상태 체크 후 신발 위치와 각도를 조정했다. 덜 마른 운동화와 보송한 느낌의 운동화는 그야말로 하늘과 땅 차이다. 전자는 신자마자 의욕을 잃고 벗어버리게 하고, 후자는 저절로 발을 내딛게 한다. 우리는 궂은 날씨에도 씩씩하게 앞으로 전진할 수 있었다. 정성은 에너지임이 분명하다.

가끔 걸으면서 폰은 주머니에 넣고 유튜브 영상을 듣기만 한다. 유튜브에 육아 관련 콘텐츠가 넘친다. 대놓고 서울대 교육학과 출신을 강조하는 30대의 젊은 유투버는 하는 말마다 내가 듣기에 "어이상실"이다. 결국 하는 얘기가 내 말 잘 듣고 아이 잘 키워서 SKY 보내야하지 않겠냐이런 얘기들이다. 그런데 잘 키우는 방법이란 게 내가 보기에 잘못 키우는 지름길이다. 그런데도 구독자가 5만 명이 넘어서 깜짝 놀랐다.

이 자가 아무도 모르는 비기를 가르쳐줄 테니 잘 들으라고 말하며 웃는 소리와 함께 '비고츠키'를 입에 담는다. 비고츠키의 ZPD^(근접발달영역)와 Scaffolding^(비계설정)을 설명하면서, 비고츠키 이론을 자녀교육에 활용하면 서울대 갈 수 있다고 말한다. 화가 나는 게 아니라 슬프다.

혀 꼬부라진 발음이라 아마도 외국에서 공부하지 않겠는가 생각하게 하는 30대 남자가 진행하는 또 다른 채널에서 ADHD의 뇌를 이해하면 ADHD를 극복할 수 있다고 말한다. 그러면서도 ADHD가 분명한 정신과 질환이기 때문에 치료가 쉽지 않다고 말했다가, 발달장애의 한 버전으로 이해하라는 식으로 말하기도 한다.

ADHD 아이와 그 아이의 형제의 뇌를 비교하니 ADHD 경우 전두엽의 미발달을 확인할 수 있다고 말하며, 소뇌만은 '정상' 발달을 했기 때문에 ADHD아동들이 운동은 제대로 할 수 있고 좋아하니 운동치료가 효과적이라고 말한다.

어디서 읽은 자료를 전달하는 것으로 보이는데, 모두 가짜뉴스에 가깝다. 유튜버 크리에이터들의 목표가 구독자와 좋아요 숫자를 늘리는 것이라고 당당하게 말한다. 결국 돈을 벌고 싶다는 말인데^{(돈 버는 것이 잘}

못된 것은 아니다) 자신이 전달하는 콘텐츠가 어떤 배경에서 탄생했는지 고려하지 않고 자극적인 말을 하거나 거짓말도 괘념치 않는 분위기가 역력하다. 나중에 거짓말인줄 몰랐다고 하면 그만이겠고, 거짓말로 밝혀질 가능성도 거의 없다.

이런 어이없는 주장들의 공통점은 한 사람을 철저하게 고립된 존재로 놓고 분석한다는 것이다. 죽은 이를 사후에 부검하는 것과 같다. 살아있는 사람이라면 독방에 가두고 관찰한다고 그 사람의 특성을 알 수 있는 게 아니다. 뇌 단층촬영을 통해 사람을 알 수 있다면 그건 사람이 아니라 사이보그라고 해야 한다.

무엇보다 썰을 푸는 이들이 실제로 아이들과 함께 지내지 않는다. 극단적인 경우가 일반적인 상식이 된 것은 ADHD를 치료한다는 정신과 의사들이 문진표만 보고 처방전을 내는 것이다. 그것도 부모나 교사가 응답한 문진표이다.

있을 수 없는 처방을 하는 의사가 당당하게 TV에 나와 아이를 달라지게 했노라 말하는 것을 보면서 좌절한다. 수많은 의사 신화를 만드는 드라마, 영화, 친의사집단 입법행위, 언론의 의과대학 및 의사 떠받치기 등이 쌓이면서 비상식을 상식으로 만들었다.

정신과 의사만 그런가. 비상식이 상식으로 굳어진 건 교실에서도 마찬가지다. 일부 일선교사들의 신념에 찬 언행은 완벽한 오해에서 비롯된다. 교육에 대해 고민하는 수많은 사람들이 마음을 열고 공부해야 하는 이유다.

멜리데에 도착하고 급하게 끼니를 해결해야 했다. 일행 모두 배가 많

이 고픈 상태다. 나흘 전 만난 나선진 씨가 sns로 〈Pulpo〉에 가서 문어요리를 먹으라 추천했다. 쉽게 찾아가도록 지도까지 보냈다. 소문은 들었다. 멜리데 들어가면 문어요리를 먹어야 한다고. 가장 유명한 〈뿔뽀〉를 찾아가라고. 뿔포는 스페인 말로 문어를 뜻한다. 순례꾼과 현지인들로 문전성시를 이룬다는 〈뿔뽀〉는 겨울 문턱과 궂은 날씨로 손님이 많지 않았다. 덕분에 여유있게 음식을 즐길 수 있었다. 태호아빠가 없다면 바게트 빵 한입으로 끝낼 식사가 만찬이 됐다. 우리 경비는 진정 바닥이 났다. 태호아빠는 눈치 보지 말고 넉넉하게 주문하라고 말한다. 시그니처 메뉴인 올리브기름 베이스에 매콤한 양념을 뿌린 "문어숙회"와 더불어 "고추튀김", "감자프라이", 와인, 바게트를 시켰다. 삶은 문어인데 먹으면서도 믿어지지 않는 식감이다. 매우 부드러운 "쫄깃"이다. '어떻게 이게 가능하지?'

    모든 음식이 만족스럽다. 행복하다.

아수아 11월 23일
34일차

산티아고에서 40㎞ 떨어진 아수아에 왔다. 비가 '간헐적'이라 고맙다. 아이들의 컨디션이 최고다. 왜 그런지 모르겠다. 추정컨데 목표에 거의 왔다는 안도 때문이리라. 아무튼 거의 날듯이 걷는다.

태호는 아빠와 더욱 밀착해서 다니고, 시하는 자연스럽게 나와 나란히 걸으며 대화를 나눈다. 덕분에 시하의 생각과 바람에 대해 자세히 알게 됐다.

시하의 이름 때문에 발렌시아가 브랜드에 대한 이야기가 나왔다. "시하가 발냄새가 심해요"(실제로 고약) 때문에 '발냄새시하가'→'발렌시아가'로 옮겨가는 말장난을 했다.

발렌시아가 스페인 사람인데, 이태리명품 브랜드를 100년 전에 론칭해서 지금도 옷, 가방, 신발, 모자, 악세사리에서 세계 최고 수준의 명품 지위를 가지고 있다고 설명했다. (나중에 알고 봤더니 프랑스 브랜드였다) 발렌시아가 제품을 입거나 신고 있으면 사람들이 부자로 알고 서비스가 달라진다고도 말했다. 얘기는 이태리 여행으로 이어졌다.

"우리 호주에 돌아가면 남은 삼개월 동안 여행 다니며 살아요"

"음…. 여행도 다니면 좋겠지"

"그럼 우리 이태리도 가고 터키도 가요"

"아직도 이태리 미련을 못 버렸냐? 태즈매니아도 여행 다닐 곳이 많아요"

그러다가 발렌시아가 양복을 한 벌 맞춰 입고 싶다는 소망으로, 나비 넥타이에 명품 가방을 들고 다니고 싶은 바람으로 마구 스키핑하며 욕망의 버킷리스트를 작성한다.

관건은 돈이라는 결론에 이르렀다. 시하는 자신이 주변 친구들에게 유세프로 불린다면서, 엄마도 인정하는 요리솜씨로 장사를 시작해야겠다고 말했다. 난상토론을 거쳐 나와 시하가 합의한 내용은 팥빙수를 파는 것이다.

팥빙수 마진이 가장 높다고 말해줬다. 전단지를 만들어 단지에 뿌리고, 집에서 시하가 팥빙수를 만들면 시하 친구 몇 명이 배달원으로 일하는 사업 구상을 했다. 시하는 배달원에게 임금을 지급하는 걸 몹시 부담스러워 했다. 나는 적절히 지급해야 한다고 주장하다가 사장님 시하는 배달원에게 떡볶이를 제공하는 걸로 친구의 고마움에 대해 보상하겠다고 해서, 악덕 사업주라고 비난했다.

막판에 시하가 팥빙수 사업이 곤란하다고 말한다. 집 냉장고 냉동실이 음식으로 꽉 차서 우유를 얼릴 공간이 없다는 것이다. 냉동실 음식을 빼내고 공간을 확보하라고 하니, 소중한 할머니 음식들이라 그럴 수 없다고 말한다. 그렇게 팥빙수 사업은 시작도 전에 접었다.

태호는 오늘 따라 더욱 룰루랄라 분위기다. 나와 떨어져 아빠와 손잡고 걷기에 아빠와 어떤 대화가 오갔는지 알 수 없지만 뭔가 아빠로부터 응원과 격려가 있었던 것 같다. 아주 기가 살았다.

아빠 곁에 있다가도 다른 날보다 자주 내게 온다. 함박웃음을 지으며 내 배를 때린다. 내 몸통을 샌드백 삼아 복싱 연습하듯이 펀치를 번갈아 날리는 것. 그동안 계속 하던 태호와 나의 일종의 의사소통이다. 그동안은 아빠 눈치를 보며 샌드백 놀이를 자제했는데, 오늘은 봉인이 풀렸다.

요령이 생긴 태호가 오늘은 복부가 아닌 명치와 옆구리를 노린다. 맞고만 있을 수 없어서 뛰어도망가면 신나게 쫓아온다. 피한다며 몸을 휙 돌리니까 태호가 내 배낭에 맞아서 나뒹구르기도 했다. 이제 때릴 명분이 분명해졌기에 태호로서는 밑지는 일이 아니다. 넘어져서도 웃고 있다.

내가 초4때 바로 위의 형은 고2 학생이었다. 다른 형들은 성인이라서 그나마 고등학생 형이 나와 놀아주는 편이었다. 형은 권투 글로브를 끼고 나는 맨주먹으로 권투놀이를 했다. (글로브가 한 짝만 있었다) 형은 나에게 실컷 맞아주다가 막판에 소나기 펀치를 날려서 꼭 내가 울게 만들었다. 그리고는 깔깔깔 웃는 거다. 나는 무척 약올라 하면서도 형이 무서워 입속에서만 불만을 웅얼거렸다.

그러다가 날이 바뀌면 형과 나는 또다시 권투놀이를 했다. 형은 귀찮아하면서도 응해줬다. 패턴은 늘 똑같다. 내가 형을 일방적으로 때리고 막판에 얻어터져서 우는 결과다. 그리고 다음 날 또 이어진다. 이건 무척 짜릿한 놀이였다.

만약에 형의 배려로 내가 때리기만 하다가 끝났다면 놀이는 이어지지 않았을 게다. 마지막은 내가 얻어맞고 지는 결론을 받아들이고 있었다. 내가 맞아서 지는 결과가 놀이를 지속하는 동력이라는 걸 무의식으로 알고 있었던 게다.

초등대안학교를 진행하면서 아이들과 권투나 레슬링을 종종했다. 얼마나 힘이 세졌는지 알아보자며 내 배를 주먹으로 힘껏 질러보라고 하면 아이들이 신이 난다. 분위기 전환에 매우 효과적이다. 내가 아이의 주먹 세기에 놀라워하면서 아프다고 쇼를 하기 때문이다.

나는 일부러 반격하기도 했다. 때리는 척도 한다. 그러면 선생이 실제로 때리지 않는 줄 알면서도 절대로 맞지 않으려 한다. 룰에 어긋나는 일이다. 내가 때렸다면 상대방도 날 때릴 수 있는 기회를 주는 것이 게임의 룰이다.

지금 아이들은 언제나 자기만 때리겠다고 고집이다. 게임의 룰을 알고 룰에 맞춰 행위하는 것을 가르치기 위해 격투기 놀이를 자주 해왔다. 태호하고도 마찬가지다. 그런데 아빠가 스페인 걷기에 참여하면서 태호가 선생과 격투기놀이에서 눈치를 살폈다. 덕분에 게임의 룰을 지키지 않지만 룰에 위배되는 행동을 한다는 인식이 분명한 것을 확인했다. 그거면 됐다.

남자 아이들의 주먹을 받아내는 일은 중요하다. 주요한 소통수단임이 확실하다.

아수아(Azúa)에 도착해서 늦은 점심을 먹었다. 저녁을 겸한 식사이기도. 우연히 들어간 레스토랑은 돼지갈비 철판소금구이를 준비하고 있더라. 주문하고 한참을 기다렸다가 먹었다. 그 맛이 기막히  다. 가격도 저렴하고. 아이들도 대만족. 마침 레스토랑은 알베르게도 겸하고 있어 같은 건물에 올라와 피곤한 몸을 뉜다.

집집마다 오레오(hórreo)가 있어서 쳐다보게 된다. 조금씩 디자인이 다르다. 무엇이 어떻게 다른지 비교하는 재미가 있다.

오레오는 갈리시아 지방에만 있다. 오레오 지붕은 주로 구운 기와를 쓴다. 대부분 집은 석판기와를 쓰는데 오레오는 왜 구운기와를 쓸까 궁금하다. 오레오 지붕은 항상 뾰족한 두 개의 뿔이 있다. 순전히 장식용이다. 소수만 빼고 대부분 십자가가 아니다. 십자가 장식이 자연스러울 텐데 그렇지 않다. 한집이 닭장식을 지붕 뿔 대신 올렸다. 오레오는 포르투갈에서 성행하는 구조물이다. 산티아고와 이어지는 포르투갈 길에 바로셀루스 마을이 있다. 스페인에서 포르투갈로 넘어가면 바로 나오는 지역인데, 바로셀루스 닭이 유명하다. 동네 곳곳에 수탉 조형물이 많고 관광기념품도 수탉 인형이 즐비하다. 이곳 오레오의 닭장식도 바로셀루스의 닭과 관련이 있을 것이다. 암튼 갈리시아 지방 오레오는 인문지리 성격을 다 담고 있다. 갈리시아를 지날 때 오레오를 유심히 보시길 권한다.

오페드로우소 11월 24일

35일차

오페드로우소는 산티아고에서 20㎞ 전에 있는 타운이다. 오늘도 비와 함께 걸었지만, 이제 비는 축복이다. 모두 건강하게 이곳까지 왔으니까.

아이들은 어제보다 더 들떠있다. 시하는 자꾸 크레덴시알(까미노 패스포트)에 찍힌 35개 스탬프 도장을 확인한다. 보기만해도 기분이 좋단다. 태호는 아빠의 전폭적인 신뢰를 확인하고 매우 UP 상태다. 물 들어온 김에 노 저으라고, 내가 태호와 30분을 정도 걸으면서 진로 상담을 한 결과 MIT 입학을 위한 준비를 열심히 하겠다는 다짐을 받았다. MIT는 하나의 상징이고, 학습과 규칙 따르기에 대해 어깃장을 놓는 태호가 처음으로 "긍정적" 대답을 했다는 것이 중요한 포인트다.

태호를 설득한 스토리텔링은 앞으로 개발을 기대하는 획기적 기술에 관한 것이다. 앞으로 인류를 구원할 두 가지 기술이 있는데, 아직 해결 실마리를 보지 못했으니 태호가 문제를 해결하는 핵심 과학자가 되기를 바란다고 전했다. 하나는 전력(일렉트릭 파워)을 전파에 실어서 보내는 무선전력송신 시스템 개발이고, 또 다른 하나는 에너지를 사용하지 않고 물에서 수소 원자를 분리하는 방법 개발이라고 설명했다. 그리고 두 가지 중 하나만 발명해도 한반도의 운명을 바꾸고, 개인적인 부와 명예를 보장한다고 말했다.

태호는 귀가 솔깃해지며, 열심히 할 테니 선생님이 자신을 도와달라는 부탁을 한다. 태호에게 이야기를 전달하며 상당히 갈등했다. 부와 명예의 획득을 미끼로 아이의 행동 변화를 도모하는 것이 옳은 일일까에 대한 판단을 쉽사리 내리지 못했기 때문이다. 그러나 나는 빠르게 의사결정했다. 태호가 기분 좋은 상태에서 선생님 가이드에 따라 훈련을 잘 하겠다고 다짐을 한 것이 변함없이 지켜질 리가 없는 일이라 보상을 전제로 아이의 동기유발을 자극할 수 있다고 판단했다.

시하는 검정고시에 대해 물었다. 시하가 2월생이라 2021년에 초졸 검정고시를 볼 수 있다고 말했다(5월 생까지만 2021년 응시할 수 있고, 6월 생 이후로 2022년에 응시해야 한다) 당장 내일 시험 봐도 합격할 것이라 말했다. 실제로 그렇다. 대학도 검정고시로 갈 수 있냐고 묻길래, 고졸 검정고시를 통과해야 하고 대학입학 시험은 별도로 치러야 한다고 말했다.

두 아이는 올해 나와 함께 호주에서 생활하면서 학교를 잠시 떠난 상태다. 내년에는 다시 학교로 복귀할 예정이다. 다니던 초등학교가 아닌 곳으로 터전을 옮길 수도 있다. 나는 기본적으로 공교육 시스템이 무너져서는 안된다고 보지만, 적게는 10%, 욕심을 부리자면 20% 학생이 공교육을 떠나는 상황을 상상한다. 내년부터 부분적인 탈학교 운동을 진행할 것이다. 매체는 〈배움여행〉을, 조직은 〈아빠학교협동조합〉을 키우면서 고민과 실천을 고양할 생각이다.

행위의 의사결정을 개체의 판단이 아니라 유전자의 선택으로 보는 견해가 있다. 리처드 도킨스의 〈이기적인 유전자〉가 시초다. 예를 들면 일개미가 여왕개미에게 복종하고 희생적 서비스를 하는 것은 개미의 계급적 특성 때문이 아니라 일개미가 여왕개미를 돌보는 것이 자신의 유전자를 더욱 퍼뜨리는 결과를 낳는 전략적 선택이라는 것이다. 그렇게 본다면 여왕개미가 일개미의 선택에 의해 알을 낳는 미션을 수행하는 수동적 지위에 있다고 볼 수 있다. 여왕개미를 여왕으로 묘사하고, 일개미를 희생만 하는 불쌍한 존재로 보는 것은 전적으로 인간의 문화를 반영한 극단적인 자기중심적 판단이다.

신체가 유전자를 운반하는 그릇에 불과하다는 주장은 충분히 설득력이 있다. 하지만 곱씹어 생각의 점도를 올리다보면 유전자의 이기적 경향성으로 생명체의 의사결정을 설명하는 진화생물학의 주장은 20세기 철학적 경향성을 따라 간 것이란 생각이 들었다. 걸으면서 잡다한 상상 실험 덕이다.

19세기 중순에 마르크스의 역사발전의 변증법적 유물론이 있었다. 19

세기 말에 프로이트의 무의식이 있었다. 20세기에 들어오자마자 아인슈타인의 광양자론이 있었다. 20세기는 마르크스, 프로이트, 아인슈타인 세 거인의 정립에 의해 출발했으면서 동시에 세 거인을 지우는 시간의 적립이었다. 포스트 모더니즘의 이름으로 전부 포장할 수 있었다.

〈이기적 유전자〉는 1976년에 나온 책이다. 유전자의 이기적 번성 본능을 인정하는 시각과 포스트 모더니즘의 아전인수격 왜곡의 결합이 21세기 초반부 오류의 모습이 아닐까 싶다. 유전자의 경쟁은 이기적인 인간의 모습을 변호하고, 포스트 모더니즘의 변질은 거짓과 기만도 일종의 해석일 뿐이라는 궤변을 변호한다.

나는 줄곧 아이들의 의사결정은 생존에 유리한 방향에서 이루어진다고 판단했다. 이해하기 힘든 아이의 행동은 어른 입장에서 이해하기 힘든 것 뿐이지 아이의 주관적 판단은 최선의 선택이다.

아이의 주관적 판단을 유전자의 번성 본능으로 설명할 수 없다고 본다. 아이들의 이기적 모습은 관계에서만 발생한다. 예를 들어 교실에서 소리를 지르고 마음대로 돌아다니는 아이가 있다고 해보자. 나는 의도적으로 그런 아이가 혼자 있는 공간에서 어떻게 행동하는지 관찰했다.

선생과 친구들이 있는 교실에서 이해하기 어려운 행동을 하는 아이가 혼자만의 공간에서 이해하기 어려운 행동을 단 한번도 하지 않았다. 반복해서 관찰해도 그렇고, 다른 아이를 같은 상황에 놓고 관찰해도 마찬가지였다.

물론 아이의 판단은 어리석은 경우가 많겠지만, 타자와 관계에서 자신에게 유리한 주관적 판단을 한 것이지, 이기적 판단이 특정 아이의 고

유한 특성은 아니다. 나는 이 점을 매우 중요하게 생각한다.

상대방의 언행에서 나를 길어올리는 연습이 필요하다. 내가 인식하는 '나'는 없고 나를 보는 네 눈을 통하여 '나'는 비로소 존재한다는 생각이 존재론적 전회(Ontology Turn)라 불린다. 부분적 탈학교 운동은 존재론적 전회의 입장에서 전개될 것이다.

산티아고콤포스텔라에 가까워질수록 해발고도가 내려간다. 평지에는 적당한 흑요석이 없어서인가. 산지 쪽 검은 석재기와는 사라지고 모든 집이 붉은 구운 기와를 얹었다. 포르투갈의 집들이 높은 곳에서 내려다보면 빨강에 가까운 주홍색 기와 지붕의 물결이듯이 평지 갈리시아 지방 집의 지붕도 똑같다.

　산티아고는 갈리시아 지방의 중심도시이고, 조금 남쪽으로 내려가면 비고 도시가 나오며, 비고를 지나 남쪽으로 더 내려가면 포르투갈의 바로셀루스가 나온다. 바로셀루스 아래가 포르투이다.

　작년에는 포르투까지 걷고 차량으로 리스본으로 이동해서 귀국했는데, 이번엔 산티아고 내일 도착하면 곧바로 기차로 마드리드로 이동해서 호주로 복귀한다.

산티아고콤포스텔라 36일차
11월 25일

왜 산티아고가 별이 빛나고(콤포스텔라) 수많은 순례꾼들이 모여드는 성지인지 인터넷 정보를 읽었지만 대부분 기억에서 지워졌다. 성인 야곱(또는 야고보)의 묘지가 이곳에 있었다는데, 산티아고 지명과 야곱의 이름이 내게는 연결점이 없었다. 태호 아빠가 알려주기 전에는. 산티아고에서 세인트(Sant)를 빼면 이아고(iago)가 남으니 '야고'가 아니겠냐고 태호 아빠가 말했다.

"아하!!"

어김없이 비가 내리고, 우리는 목표한 산티아고 도착 당일의 상쾌한 기분으로 습기를 이겨냈다. 오늘처럼 20km가 길게 느껴진 적은 없었다. 까미노에 있는 바르(bar)나 레스토랑이 몽땅 문을 닫는 바람에 정오가 넘어서 첫 끼니를 해결했다. 출발은 7시 35분이었고….

태호아빠가 비를 맞고 걸으면서도 인터넷 정보를 찾아서 가성비 높은 식당을 찾았고, 모두 만족하는 점심을 먹었다. 레스토랑과 바르의 차이는 정식 메뉴가 있느냐 없느냐에 따른다. 레스토랑의 정식은 8~15유로 사인데 하우스와인을 언제나 제공하더라(경우에 따라서는 무한 제공).

태호아빠가 합류한 지난 열흘 동안 자주 정식을 먹을 수 있었다. 덕분에 와인 자주 마셨다. 스페인에서 영어는 거의 통하지 않는다. '와인' '비어'를 알아듣지 못한다. '비노' '세르베사'라고 말해야 알더라. 가벼운 낮술은 걷는데 도움이 된다.

태호를 아빠가 옆에 붙이고 걸으니 시하는 자연스럽게 나와 짝이 됐다. 이번 기회에 시하가 손톱을 물어뜯기도 한다는 것, 시하의 욕망, 시하의 좌절, 시하의 노래솜씨, 시하의 스키마, 시하의 재기발랄 상상에 대해 알게 됐다. 덕분에 걷는 길이 수월했다. 시하의 수다가 재밌기 때문이다. 두 아이가 나를 먼저 가라고 시키고 긴 시간 끊임없이 깔깔거리는 이유일 것이다.

산티아고에 잘 도착했다. 산티아고 대성당 잠시 구경하고, 까미노 사무처에서 완주증 받았다. 우리 증명서에는 '로그로뇨부터 산티아고까지 프랑세스 까미노623㎞'와 시작일, 도착일 날짜가 적혔다. 아이들 사기가 아주 높다. 대성당을 배경으로 사진도 여러 장 찍었다.
"너희 딸아들에게 까미노 사진을 보여주도록 해라"
선생님이 80까지 악착같이 살 테니 앞으로 25년 안에 결혼하고 아빠도 되라고 당부했다.

　산티아고 들어서기 1시간 전에 시하가 왼쪽 넷째 발가락이 아프다고 한다. 절룩거리며 걷는다. 양말을 벗기고 살피니 물집이 생길 조짐이다. 대책이 없다고 말하고, 마지막 고비니까 용감하게 걷자고 했다. 결국 숙소에 들어가서 보니 콩알 만한 물집이 붙어있다.

　태호는 아빠의 돌봄이 극진하기에 긴장을 풀고 땅을 걷는 게 아니라 하늘을 나는 듯이 산티아고에 들어간다. 대성당을 뒤로하고 산티아고 기차역 주변의 숙소를 잡으러 돌아다니는데 태호가 갑자기 발이 삐었다며 절뚝거린다. 아빠가 놀라서 신발을 벗기고 만지고 주무르며 상태를 살핀다. 나는 돌아서서 가만히 있었다. 태호를 위한 배려다. 태호로서는 아빠의 서비스를 확인하고 싶었을 것이다. 내게 눈을 흘기더니 금방 씩씩하게 걷는다.

"진짜로 아팠다구요"

순간적으로 발목이 아팠다는 걸 믿는다. 600㎞를 잘 걸은 아이들에게 고맙다. 마지막까지 아이들은 씩씩하다.

시하가 스스로 지은 별명이 '돼마'. 돼지와 하마의 조합이다. 태호보다 먹는 양이 두 배다. 돼지 소리 듣기엔 부족하지만 오동통통 스타일 체형이다. 시하 상반신 사진을 찍고 확인하다가 시하 얼굴 살이 없어졌다는 걸 알았다.

"아니 얼굴이 V자야!!!"

갸름해지니까 어린이가 아닌 청소년 티가 난다. 반대로 태호는 덩치가 약간 커졌다. 까미노의 부수적 효과다.

까미노의 진짜 기대효과는 무엇인가? 마치 위빠사나 명상을 하는 것과 같다고 할 수 있다. 그것은 몇 번 언급한 존재론적 전회(Ontology Turn)의 실현태로 나타난다.

위빠사나 명상을 하면 내가 아프다는 자각은 버리고, 고통이 내게 온 것을 알고 나를 찾아온 고통을 '본다'는 상태에 이른다. 이것은 내가 고통을 본다는 표현보다 고통이 보는 '나'를 느낀다고 말하는 것이 정확할 거다. 즉 주체가 둘로 나뉜다. 나를 보는 주체로서 고통이 있고, 나를 인식하는 고통을 바라보는 내가 있다. 내가 나를 인식하지 않고 나 외의 주체의 시각을 사후적으로 수용하는 태도다.

서구의 근대는 신의 피조물로서 인간이 아닌 우주의 주체로서 스스로 생각하고 판단하는 존재라고 내세웠다. 칸트가 강조한 '이성'을 탑재한 인간이다. '혼자서도 잘해요'의 배경은 이성을 가진 인간의 사고와 판단이 홀로 가능하다는 패러다임의 성격이다.

상대방이 나를 보는 시각을 수용하여 사후적으로 자신을 자각하는 아마존 밀림 원주민의 사고방식을 서구의 인류학에서 존재론의 전회(전환이 아닌 본질로 복귀한 것으로 본 것)로 명명했다. 인식론이 주제였던 철학의 역사를 일거에 바꾼 언어철학의 등장(비트겐슈타인)을 '언어적 전회(Linguistic Turn)'로 이름 지은 것을 차용했다. 인간 존재에 대한 획기적인 '재발견'이다.

새로운 발견이 아닌 재발견이기에, 또한 본질에 대한 발굴이기에 인간의 정신 DNA에 남아있다. 첫 발견이 아닌 재발견이라서 자세만 가다듬으면 서구에서 말하는 존재론적 전회가 쉽게 일어난다. 동아시아 사람들은 특히 그렇다.

스페인 까미노를 걷는 효용성은 안전하고 편안한 잠자리와 식당이 연속적으로 있다는 물리적 조건에 있지만 본질적 효과는 부대끼는 사람이 아닌 자연환경의 시각에서 자신을 사후적으로 검증하는 경험에 있다. 내리쬐는 태양을 느끼는 것이 아니라 태양의 입장에서 (햇빛의 입장에서) 바라본 나를 태양 속에서 발견한다. 숲의 신선함을 내가 느끼는 것이 아니라 숲의 입장에서 발견된 나를 사후적으로 길어올리는 것이다. 옥수수와 밀의 입장에서 포획된 나를 옥수수와 밀을 바라보며 사후적으로 나를 포착한다. 목장의 소와 양을 내가 보는 것이 아니라 울타리 안의 가축이 바라보는 나를 소와 양 속에서 새롭게 구성하는 것이다.

위빠사나의 긴 이어짐을 생각하면 서구에서는 전회지만 우리에게는 전통의 복원이라고 생각한다. 스페인 까미노 위에서 긴 시간을 보낸 사람은 자신을 잃어버림으로써 길 위의 자기를 사후적으로 상봉하는 감동을 만난다. 그것이 뭔지 말로 설명할 수 없지만, 나 또한 걷고 나서 사후적으로 표현할 수 있을 뿐이다. 이성으로 무장하고 홀로 우뚝 선 '나'는 어디에도 없었던 것이다.

우리는 곧바로 마드리드를 거쳐 호주 태즈매니아로 돌아간다. 태즈매니아에서 시즌4를 이어간다. 12월~2월까지 3개월을 재밌게 지내고 일년 동안 여정은 막을 내린다. 산티아고까지 600여 km를 잘 걸었기에 더욱 자신감을 갖고 태즈매니아 생활을 이어갈 수 있게 됐다.

아이들은 해외생활의 생소함과 부모와 떨어져 사는 아쉬움이 많이 사라졌다. 다행이고 고맙다. 아이들과 함께 지내는 내게 무거운 미션이 있었다. 아주 많이 가벼워졌다. 기분 좋은 일이다.

에필로그 |

이제 당신이 떠날 차례입니다

예정에 없던 에필로그를 쓴다. 이 책을 만드는 과정의 끝자락에 태호가 먼 길을 떠났기 때문이다. 자식이나 진배없는 태호를 다시 볼 수 없다는 현실이 너무 아프다. 이어서 원통하다, 화가 난다는 감정이 따라온다.

프롤로그에 "깊은 산속 오두막에 둥지를 틀고 드라마보다 더 다이내믹한 생활을 시작했다"고 썼듯이 우리는 호주 태즈매니아의 오지에서 일 년을 살았다. 〈걷다가 어른이 되어버림〉은 스페인 순례길을 걸은 한 달 남짓의 기록이고, 나머지 시간도 놀라움과 축복으로 가득 찼다. 나는 마음 속으로 네 시즌으로 나누어 기록했다. 초여름에 잠시 한국에 다녀오기 전까지가 첫 시즌, 피지에 열흘 여행하기 전까지가 둘째 시즌, 스페인 순례길 걷기 전까지가 셋째 시즌, 스페인 걷기 이후 한국에 복귀하기까지가 넷째 시즌이다. (호주의 관광비자는 3개월이 최대치라서 세 번 호주 밖으로 나갔다 돌아왔다)

나는 기쁨과 빡침의 양가감정으로 둘째 시즌 막바지에 아래의 기록을 남겼다.

\#

일교차가 크다. 늘 10도 이상 아침과 낮 기온 차이가 난다. 새벽엔 5도 이하고, 낮에는 15도 이상이다. 이번주 목요일은 20도를 넘긴다고 예보한다. 장작은 진즉 떨어졌고 난로 없이 지내고 있다. 살기에 별 불편은 없다.

\#

요즘 마음이 가볍다. 아이들 사이가 매우 돈독해졌기 때문이다. 어느 녀석도 이기심을 발휘하거나 고집을 부리지 않고 상대방의 상태에 따라 자기 컨트롤이 잘 된다. 내게도 친절을 베푼다. 이 정도라면 한국에 복귀해도 일상을 잘 지낼 정도라고 본다.

\#

한국 뉴스를 들으면 부아가 치미는 건 어쩔 수 없다. 내년 총선이 4.15이라 선거일이 가까워지면 누구나 4.16의 기억을 되살릴 텐데, 그러면 당시 법무장관이었고 국무총리를 거쳐 대통령 권한대행을 하면서 대놓고 세월호특조위를 방해한 현재 야당 대표 모가지를 비틀어 일부라도 증거를 공개하면 반민주세력은 괴멸되지 않을까 예상한 적도 있다. 그러나 전혀 가능성이 보이지 않는다. 천안함 재판이 아직도 마무리되지 않은 걸 보라.

\#

이건 앞으로 우리 아이들 삶과 직접적인 관련이 있다. 태호가 한국으로 복귀해서 지금 정도의 마음 씀씀이와 행복감을 가지고 살 수 있을까. 아니라고 본다. 그러니까 증명된 것이다. 태호의 곤란함은 태호에게 원인이 없었다는 거다. 무한경쟁 속에서 '도태하면 죽음과 같다'는 분위기가 지배라는 사회적 압박이 어린아이의 목을 졸랐다. 태호뿐만 아니라 그동안 만났던 수많은 힘겨운 아이들이 다 그렇다. 아이들은 죄가 없다. 이 아이들이 누명을 벗으려면 민주화된 세상이 필요하다. 우리 아이들 구하기 촛불이 전국에서 타올라야 한다.

태호는 호주를 다녀와서 잠시 비인가 대안학교에 몸담았다가 나를 만나기 전 다녔던 공립학교로 옮겨서 초등학교를 졸업했다. 중학교도 자전거로 다닐 정도로 가까운 학교에 진학했다. 일주일에 두 번 검도 훈련을 했고, 영어 과외도 받았다. 일상은 평범했다. 그리고 올해 고등학생이 됐다. 그리고 스스로 하늘의 별이 됐다.

우리는 인터스텔라 영화를 이해한다면서 웜홀, 블랙홀 개념을 말하지만 여전히 천동설에서 벗어나지 못한다. '해가 뜬다/해가 진다'는 강력한 언어의 천동설에 묶인 것처럼 '학교에 적응하지 못한다'는 워딩은 개별 학생의 특성을 헤아리게 한다. 왜 아이가 집단에 적응하지 못하지-라고 묻는 건 어리석다. 이미 디자인된 사회적 패턴은 어떤 문제가 있을까를 물어야 한다.

반세기 전에 이반 일리치가 언급한 것은 올바르다. 학교는 군대와 교도소의 디자인 패턴을 그대로 적용했다. 군대와 교도소의 목적과 지향이 학교와 똑같다. 학교는 강고한 권력기관이다. 처음부터 그런 목적으로 태어났고 200살 나이를 먹었다. 죽을 때가 지나도 한참을 지난 올드

빌런이 태호를 죽였다. 그래서 원통하고 격한 분노를 느낀다고 말한 것이다. 어제 장례를 치르고 온 날 차분히 에필로그를 쓴다.

영정 사진의 앳된 태호는 내게 물었다.

"선생님. 고맙습니다. 제가 먼저 가서 죄송하구요. 그런데, 선생님. 이제 선생님은 뭘 하실 건가요?"

태호의 질문이 가슴에 꽂혔다. 워낙 충격적인 일을 겪어서 태호를 기억하고, 태호의 죽음을 곰곰히 되풀이한다.

대전에 사는 시하는 〈걷다가 어른이 되어버림〉의 공동 주인공이다. 에필로그 쓰는 중에 시하 엄마가 전화했다. 시하는 악기 훈련을 열심히 하고 미디(MIDI; 디지털 악기 상호 프로토콜)를 익혀 작곡하는 재미에 푹 빠졌단다. 내가 아는 시하답다. 호주에서 생활할 때 대중음악 창작에 대해 자주 얘기했었다. 클래식이 아니라면 나중에 호주에 와서 공부할지도 모른다고 말해줬다.

〈걷다가 어른이 되어버림〉 출간 후 바로 시하를 만나 책을 건네고 태호의 소식도 전할 예정이다. 작곡 공부하는 시하에게 이 말을 전하고 싶다.

"네가 슬픔을 가슴 깊이 담는 크리에이터가 되길 바라. 슬픔이 감정의 토양이란다. 풍부한 토양에서 기쁨도, 부끄러움도, 분노도, 미움도 자랄 수 있어. 그런 감정은 건강한 다양성이야. 슬픔의 젖을 먹고 자란 겸손한 기쁨, 겸손한 부끄러움, 겸손한 분노, 겸손한 미움은 모두를 행복하게 만들지. 멜로디만큼 가사도 중요하잖아. 시하의 가사는 기대가 크지. 선생님은 언제나 기쁘게 시하의 창작품을 기다리고 있을 거야."

〈걷다가 어른이 되어버림〉이 독자의 손에 들어갔을 때, 한국 사회의 제도적 토양이 달라졌을 것이다. 대통령이 바뀌었다고 세상이 달라지는 건 아니다. 난 태호를 가슴에 안고 시하의 손을 잡고 좋은 어른이 되는 길을 걸을 생각이다. 걸어서 무언가를 얻는 건 없다. 걷고 또 걷고 걸으면, 그 자체가 교육과정이고 성장이다.

다시 한 번 말씀드린다. 이제 당신이 걸을 차례입니다. 주인공 두 친구와 함께 걸으실래요?

2025. 5. 26